DE TOEKOMST HERVONDEN

Essays over de vastgelopen vooruitgang

Omar Muñoz Cremers

2014, 2015 WORM Parallel University

ISBN: 978-94-920-4901-8

Editie 3.0

Redactie: Jan Hiddink

Eindredactie: Arie Altena

Met ondersteuning van Mondriaan Fonds, Gemeente Rotterdam

Met dank aan: Justine Winter, Arie Altena, Jan Hiddink, Hajo Doorn, Amy Suo Wu en Tim Braakman, Florian Cramer, Pieter-Paul Spiertz, Vincent Romain, Ludo Maas, Gerard de Jong, Alex van der Hulst, Theo Ploeg, Domeniek Ruyters, Esmé Valk, Paul Segers en Ajla Steinvåg.

Op *toekomsthervonden.blogspot.nl* zijn aanvullende citaten, beeldmateriaal en geluidsfragmenten te vinden.

Inhoudsopgave

DEEL 2: OPENINGEN

DE TOEKOMST VERLOREN

The present is always invisible because it's environmental and saturates the whole field of attention so overwhelmingly; thus everyone is alive in an earlier day.

Marshall McLuhan & Quentin Fiore – *The Medium is the Massage*

Tijdreizen is onmogelijk. Maar stel dat het zou lukken om mijn jeugdige zelf een beeld te schetsen van het leven in het begin van de 21ste eeuw. Wat zou een tienjarige in 1981 vinden van Internet? Van de mogelijkheden om vrijwel alle filmbeelden instant op te vragen? De games van zijn tijd tot beschikking te hebben met de aanwijzingen om ze uit te spelen? Alle muziek binnen handbereik, met wat handigheid zelfs gratis? Ik weet dat die tienjarige ik onder de indruk zal zijn. Hij zal bovendien blij zijn dat de dreiging van nucleaire oorlog niemand meer bezighoudt. Wellicht niet geloven dat Spanje wereldkampioen voetbal is. Als hij doorvraagt zal hij teleurgesteld zijn dat de mensheid niet verder is gevorderd met de kolonisatie van de kosmos. Misschien voelt hij ergens aan dat zijn 21ste-eeuwse zelf vindt dat de toekomst niet meer is wat ze ooit beloofde te zijn.

De klacht dat het begin van de 21ste eeuw de wilde dagdromen van de jaren 1950 – 1973 niet heeft waargemaakt is al een tijd verworden tot een cliché: we wachten nog steeds op zwevende skateboards. Dat zou ons niet moeten verbazen. Een dergelijke projectie van technologische vooruitgang is al lang geleden tenietgedaan door de oliecrisis. De miniaturisering van computertechnologie speelde in de meeste futuristische scenario's een ondergeschikte rol. De lessen van het postmodernisme zijn pas heel laat geaccepteerd. De afgelopen jaren is het besef gaan dagen dat de toekomst is verdwenen. Nog steeds worden sondes richting de toekomst gezonden maar ze lijken geen effect te sorteren in het heden. We bevinden ons in een permanente economische crisis die verergerd wordt door een machteloze politiek. De toekomst bezorgt ons een onbehagelijk gevoel omdat we heel goed weten dat overbevolking, vervuiling en klimaatverandering een dwingende invloed hebben op ons leven. De negatieve toekomstbeelden overtreffen de positieve varianten. Het is dan niet verbazingwekkend dat men graag de blik richting het verleden verplaatst.

De tekst die als geen ander de problematiek heeft geanalyseerd van een cultuur die zichzelf verzadigt met het verleden is *Retromania* (2011) van de Britse popcriticus Simon

Reynolds. Op uiterst gedetailleerde wijze analyseert Reynolds alle aspecten van de populaire cultuur en de manier waarop een complex bouwsel wordt gevormd dat is gericht op permanent terugkijken. Wat ontstaat is het gevoel van een cultuur dat een moeras is waaruit geen ontsnappen mogelijk is, tenzij als een Baron von Münchhausen die zichzelf aan zijn haar uit de penibele situatie tilt. Waar tegenstanders (en menig sympathisant) van het postmodernisme bang voor waren, is realiteit geworden: cultuur omschrijf je tegenwoordig met termen als catastrofe, implosie of stasis.

Zo dwingend is de grip van het verleden in *Retromania* dat de afwezigheid van een toekomstbeeld de lezer bijna niet kon verrassen. Reynolds eindigt met een kloek "I still believe in the future!" maar biedt eigenlijk geen enkele basis voor dat geloof. Zelf schreef ik een artikel over het onderwerp, 'Einde van de Popmuziek' dat even de gemoederen bezig hield[1]. Al was de toon vaak op teleurstellende wijze defensief. Die tekst was grotendeels bedoeld als een aansporing tot een denken voorbij de even comfortabele als problematische realiteit. Uit reacties op het stuk leidde ik af dat de sciencefictionelementen van de tekst sommige lezers onrustig maakte. Dit vind ik een lastig te duiden fenomeen, al is de degradatie van sciencefiction in de laatste dertig jaar ongetwijfeld onderdeel van retromania. De cultuur heeft een

---

[1] In deze uitgave met de oorspronkelijke titel 'Wanneer je wakker wordt en echt niet meer in een droom leeft' in enigszins aangepaste versie opgenomen.

voorkeur voor realistische literatuur en films in een veilige setting (het platteland, de schijnbaar oneindige familieproblemen van de middenklasse.) Die negatieve kwalificatie is teleurstellend omdat sciencefiction een van de meest effectieve gereedschappen is waarmee retromania kan worden bestreden. In een cultuur die vooruit kijkt bloeit sciencefiction vrijwel altijd op. *De Toekomst Hervonden* is dan ook doorweven van sciencefiction, dat niet minder is dan een laboratorium van ideeën. Een tweede belangrijke inspiratie is het boek *Terrible Beauty* (2001) van Peter Watson geweest. Deze ambitieuze positieve geschiedenis van de twintigste eeuw als een klimaat van vooruitgang en verwondering maakt je als lezer bewust van de veranderingen die binnen een eeuw mogelijk zijn in zowel kunst als wetenschap. Bovendien doet het je onwillekeurig afvragen of deze veranderingen een tijdelijke bloeiperiode vormden en eenzelfde complexe transformatie ooit nog wel mogelijk zal zijn.

Collectieve nostalgie kan nooit zo sterk zijn dat vooruitgang enkel hierdoor wordt tegengehouden. De schrijver Bruce Sterling suggereert dat ook ons beeld van de toekomst is veranderd:

> I'm not sure that the word "future" goes out of use, and obviously we have some kind of absolute future. We're not going to go back to the year 1950. The clock is ticking, the pages are going to fall off the calendar. In a decade it's going to be 2019, we'll be ten years older, you'll be ten years older, these are all solid things.

It's more like a mythos of the future or a structure of the future, or a belief in the future. It's just not the same. It's just not being attacked from the same area at all. It's being attacked from a different kind of area, which I call "Atemporality".[2]

Atemporaliteit heeft een negatieve connotatie, het klinkt als stilstand, het roept een beeld op van een schizofrene cultuur waaruit geen ontsnapping mogelijk is. De acceptatie van atemporaliteit is fatalistisch wanneer alles verstrikt is in een permanente crisis. Tegelijkertijd is het onweerlegbaar waar dat een eenduidig positief toekomstbeeld compleet afwezig is. Met uitzondering van het wereldbeeld van een aantal "platte aarde aanhangers" is het negatieve toekomstbeeld wel tamelijk geünificeerd. Desondanks is er denk ik nog ruimte voor naïef futuristische speculatie die, los van extreem lokale initiatieven, vooral verbonden is met grote technologische sprongen. Een bewijs voor werkende koude kernfusie zou bijvoorbeeld gegarandeerd een technologische revolutie ontketenen met vergaande sociale implicaties.

In het begin van de twintigste eeuw schuurde het Italiaanse Futurismo tegen een soort proto-fascisme aan. De kunstbeweging begreep echter de zwaartekracht van traditie zeer goed. Een radicale breuk met de cultus van het verleden zou een bevrijding vormen. Zowel popmuziek als sciencefiction, de twee belangrijkste

---

[2] Bruce Sterling lezing op Reboot 11, Kopenhagen, 25 juni 2009.

pijlers van *De Toekomst Hervonden*, bezitten oorspronkelijk eenzelfde wil tot verandering (beiden flirten dan ook regelmatig met fascisme.) De Amerikaanse popcriticus Greil Marcus verwoordt de verwantschap van popmuziek, in dit geval punk, perfect:

> This was a critique of life, and the demands in this music were *absolute*. It was never going to be satisfied with *anything*. Music just happened to be the medium. And it was a better medium. The avant-garde of the 20th century had finally found its true voice. I think I wrote that punk produced better art than all the avant-garde movements before it. And I *meant* that. That wasn't a provocative statement. These were singular works of art and they were coming in a torrent. For a time, anybody could stumble upon a true statement and make it. It didn't matter where they came from or who they were.[3]

Wanneer sciencefiction hierin wordt betrokken ontstaat een unieke combinatie, zoals de invloed van bijvoorbeeld J.G. Ballard op The Normal en Joy Division of de *sonische ficties* van techno bewijzen. Sciencefiction in popmuziek is een directe invasie van het onbekende in de rigide concepten van het alledaagse leven. Een belofte van een mogelijke andere wereld. Daarom is het ook begrijpelijk dat Reynolds in *Retromania* teleurgesteld is in de manier waarop sciencefictionschrijvers

---

[3] Simon Reynolds, 'Myths and Depths: Greil Marcus Talks To Simon Reynolds', Los Angeles Review of Books, 27 april 2002

William Gibson en Bruce Sterling atemporaliteit hebben omarmd als een soort overgave aan een status-quo van onveranderlijkheid.

Profeten zijn schaars geworden. Een enkel individu kan nog onmogelijk een complete cultuur de weg wijzen. Laat staan de toekomst voorspellen. *De Toekomst Hervonden* probeert allereerst blokkades te identificeren die de cultuur afremt. Hoe kan het zijn dat een gevoel van stilstand overheerst op het moment dat er zoveel informatie, communicatie en creativiteit circuleert? Zijn mogelijke uitwegen te identificeren? Wat verwachten we eigenlijk nog van kunst? Wijst technologie altijd richting de toekomst of kan het ook blokkades vormen?

Ten slotte een bescheiden aanwijzing voor de lezer: *De Toekomst Hervonden* mag natuurlijk van voren naar achteren gelezen worden, maar de tekst is zo opgebouwd dat de hoofdstukken als losse essays in willekeurige volgorde kunnen gelezen worden. Het constructieve tweede deel kan ook losstaand van het kritische eerste deel worden gelezen[4].

---

[4] Sommige hoofdstukken van *De Toekomst Hervonden* verschenen eerder in *Metropolis M*, *Holland SF* en op frnkfrt.net.

DEEL 1: DOODLOPENDE WEGEN

ESTHETISCHE EINDPUNTEN

WANNEER JE WAKKER WORDT EN ECHT NIET MEER IN EEN DROOM LEEFT

We are the music makers,
And we are the dreamers of dreams,
Wandering by lone sea-breakers,
And sitting by desolate streams;—
World-losers and world-forsakers,
On whom the pale moon gleams:
Yet we are the movers and shakers
Of the world for ever, it seems.

Arthur O'Shaughnessy – *Ode*

Barend Toet, oprichter van muziektijdschrift *OOR*, sluit zijn memoires *Keihard en Swingend* af met een hoofdstuk waarin hij een sympathiek beeld schetst van de hedendaagse popjournalistiek en hoe deze een creatieve stimulans heeft gekregen met de opkomst van Internet. Steeds meer krijgt die periode het karakter van een laatste opleving, een belofte van een toekomst die nooit is gearriveerd. Zonder toekomst dringt zich onvermijdelijk de vraag op: loopt het Tijdperk van de Popmuziek ten einde? Popmuziek in zijn breedste, zeg maar encyclopedische, zin van het woord. Van Justin Bieber tot en met Liturgy.

Deze conclusie is vaker uitgesproken wat doet vermoeden dat het veel te maken heeft met de individuele ontwikkeling van een criticus[5]. De criticus heeft een bepaalde leeftijd bereikt, raakt verzadigd van jarenlang nieuwe muziek tot zich nemen en projecteert dit gevoel op de cultuur in zijn totaliteit. Dit is een volkomen legitieme kritiek, maar desondanks verhult deze verklaring een zeker gemis, en is de situatie complexer. Elke generatie kent het moment dat iets verschijnt waarover men uitroept "ik snap dit niet meer" of "wat een takkeherrie" in plaats van "dit is niet goed genoeg." Wanneer er iets aan de hand is, iets buitengewoon spannends of vernieuwends verschijnt, dan *dringt zich dat onvermijdelijk aan je op*. Of je het vervolgens goed of slecht vindt doet er niet toe. En dat is waar het echte probleem zit: er gebeurt niets. Dit opdringen wordt belichaamd door de zogenaamde Grote Plaat – die term noemen is jezelf al bijna open stellen voor ironische beschimpingen. Een bijkomend probleem is dat potentiële nieuwe Grote Platen albums zijn die de grootsheid van weleer naspelen, ze zijn simulacra van Grote Platen. Een goed voorbeeld is *My Beautiful Dark Twisted Fantasy* (2010) van Kanye

---

[5] Een vroeg voorbeeld is bijvoorbeeld Lester Bangs in 'Of Pop and Pies and Fun', *Creem* (1970): "I believe that real rock 'n' roll may be on the way out, just like adolescence as a relatively innocent transitional period is on the way out. What we will have instead is a small island of new free music surrounded by some good reworkings of past idioms and a vast Sargasso sea of absolute garbage."

West. De vorm, de gebaren, alles klopt, maar het culturele gewicht is nihil. Er is geen breuk, sterker, geen noot heeft deze oren ooit bereikt.

Dit versterkt de hypothese dat het tijdperk van de popmuziek ten einde loopt[6]. Wat – het lijkt bijna overbodig om te stellen— niet betekent dat er geen goede popmuziek wordt gemaakt en ongetwijfeld nog vele jaren zal worden gemaakt. Het zal alleen geen gevolg hebben voorbij de muziek-als-consumptie zelf. Deze bespiegelingen van een mogelijk einde doen denken aan een intrigerend fragment uit William Gibsons *All Tomorrow's Parties* (1999):

"Bohemia's. Alternative subcultures. They were a crucial aspect of industrial civilization in the two previous centuries. They were where industrial civilization went to dream. A sort of unconscious R&D, exploring alternate societal strategies. Each one would have a dress code, characteristic forms of artistic expression, a substance or substances of choice, and a set of sexual values at odds with those of the culture at large. And they did, frequently, have locales with which they became associated. But they became extinct."

"Extinct?"

"We started picking them before they could ripen. A certain crucial growing period was lost, as marketing evolved and the mechanism of recommodification became quicker, more rapacious. Authentic subcultures required backwaters, and time, and there are no more backwaters. They went the way of geography in general."

---

[6] Zie bijvoorbeeld de onsentimentele epiloog van Bob Stanley in zijn uitputtende geschiedenis van de popmuziek *Yeah Yeah Yeah* (2013)

Rock 'n roll tot en met acid house hebben in hun creatieve en meest vruchtbare fases van ontwikkeling dit soort authentieke alternatieven geboden. Waarna een onvermijdelijke popularisering volgde waarbij de levensstijl eigenlijk nog alleen voor de muzikanten bleef voortbestaan.

Waarom heeft popmuziek zich als deze "droom" ontwikkeld? Wellicht was het een reactie op de hyper-rationalisering van het naoorlogse kapitalisme met de opkomende automatisering en het schrikbeeld van de Eendimensionale Mens. Popmuziek gaf een soort geestelijke ademruimte en vrijheid die intussen altijd volgens de spelregels van het kapitalisme functioneerde. De muziek*industrie* is nooit utopisch geweest. Op de toppen van creativiteit was het echter mogelijk dat een subcultuur een ongekende kracht in de samenleving detoneerde zoals Simon Reynolds in gesprek met Greil Marcus verwoordt:

> You're arguing that Dylan was the central figure of something — rock'n'roll — that was itself the central public arena of the era. Music in the sixties was the prism through everything else was seen and understood: it connected to everything else in culture and politics, and it intensified everything it touched. It articulated everything and it made everything more electric.[7]

Het idee van een alternatieve subcultuur is om verschillende redenen problematisch geworden. Popmuziek wordt

---

[7] 'Myths and Depths: Greil Marcus talks to Simon Reynolds', *Los Angeles Review of Books*, 4 mei 2012.

voortgestuwd door technologische ontwikkeling. In die zin heeft zij altijd een symbiotische relatie met het technokapitalisme, vaak gebruikmakend van mogelijkheden en technologieën waarvan het economisch nut niet direct werd ingezien. Met de mogelijkheden op Playstations, PCs en Macbooks spotgoedkoop muziek te maken is een ontwikkeling afgesloten die onbewust lag besloten in de geboorte van de moderne computer. De technologische dynamiek die muzikale vernieuwing een handje hielp lijkt hiermee tot een logische conclusie gekomen. Maar muzikanten blijven bestaan en zullen ook altijd muziek blijven maken. Bijvoorbeeld door terug te blikken. De muziekindustrie heeft na een trage start de geschiedenis eindelijk totaal in kaart gebracht, alles is herontdekt – ook daar geen verrassingen meer. Met dat materiaal kunnen ontelbare herschikkingen worden gedaan, met plezierige resultaten, soms sublieme platen (*Paul's Boutique*, *Endtroducing*, *Since I Left You*), vaak niet meer dan slappe herbewerkingen (Britpop is de eerste waarschuwing geweest van een platte, conservatieve herbewerkingscultuur, een fascinerende versie van de *ghost dance*.[8])

[8] Een jaloersmakende observatie van Phil Knight, upclosemaspersonal.blogspot.nl/2011/04/conforming-to-pattern.html 28 april 2001:
"Britain in the 1990's was to witness two parallel movements that affected to reinvigorate the nation's artistic culture. One of them, Britpop, was a classic revitalisation movement in the tradition of the Ghost Dances of the Plains Indians of the late 19th century - a call to long dead ancestors to replenish the spirit-well. The other, the Young British Artists, was a farce, a flurry of gestures as a disparate band of hucksters marketed their unlikely wares to plutocrats grown fat on the decade's credit binge."

Daarnaast is, hoe je het wendt of keert, de mp3 cruciaal geweest voor de verandering van de economie van de muziekindustrie. Technoproducer Stefan Goldmann[9] heeft aan die economische realiteit een scherpzinnig artikel gewijd. Hij komt met een verrassende positieve draai in zijn betoog: omdat er zoveel muziek wordt gemaakt die weinig geld oplevert en een korte levensduur kent, dien je juist alle remmingen los te gooien om te kunnen opvallen. Maar er zijn weinig muzikanten die deze sprong durven te wagen, en de meerderheid blijft stug eenheidsworst produceren. De popjournalistiek dat vreemde bijproduct – zoals Simon Reynolds in *Retromania* terecht stelt op zijn best tijdens periodes van muzikale vernieuwing – dreigt in deze beweging te worden meegesleurd:

> What *Retromania* is "about," at its core, is a radical loss of things to say. It is in that sense a work of critical mourning, of mourning *for* the work of criticism, and for a world in which it was self-evident that pop could absorb and reward the critic's attention.[10]

Een gevaarlijk bijverschijnsel is dat een soort theoretisch narcisme de kritische popjournalistiek infecteert. Gedreven door een modernistische houding wenst men een nieuw geluid, een

---

[9] 'Everything popular is wrong: Making it in electronic music, despite democratization' in *Little White Ear Buds*, http://www.littlewhiteearbuds.com/feature/everything-popular-is-wrong-making-it-in-electronic-music-despite-democratization/ een vertaling van 'Musik in Zweiten des Web 2.0' in *Silo* http://www.silo-magazin.de/?p=99

[10] Ben Jeffrey, 'Out With The New' The Point, Nr.6 Winter 2013 http://www.thepointmag.com/2012/culture/new

uitweg uit de verstikking van retro, maar tegelijkertijd wordt de criticus op het moment dat een potentiële opening zich aankondigt, een mogelijke Grote Plaat verschijnt (de release van My Bloody Valentine's *mbv*), door angst bevangen. Wellicht geïntimideerd door de online storm van aandacht die een plaat overlaadt met (vluchtige) betekenis gaat men overcompenseren, afstand bewaren en op even overhaaste wijze concluderen dat ook deze plaat niet aan retromania kan ontsnappen, alsof men niet kan accepteren dat er bressen in de retromania worden geslagen. Aan de andere kant kan een Grote Plaat waarschijnlijk nooit voldoen aan overtrokken verwachtingen, zal het grote gebaar nooit alleen de totale inertie van retromania kunnen oplossen. De popkritiek kan zich echter niet veroorloven om dit laatste te geloven, het moet compulsief enthousiasmeren of verdwijnen.

Internet schenkt ongekende vrijheid, de circulatie van informatie bereikt nieuwe snelheden met als gevolg dat de consument de schaduw van de producent is geworden. Alles is direct zichtbaar en beschikbaar. Vanzelfsprekend is de kaste van de popjournalist als voorproever, baken van smaak, overbodig geworden. Iedereen kan zelf sneller dan ooit uitmaken of iets goed (+1) of slecht (-1) is. Programma's of lijsten van vrienden selecteren desnoods de juiste muziek voor je. Het bijeffect is dat de waarde van muziek, in ieder geval de economische, maar ook de symbolische waarde, is afgenomen. Muziek is vooral een wegklikartikel dat niet meer is ingebed in een fysieke drager, een artefact met extra symbolische waarde (door middel van artwork, foto's, tekstvellen), dat nog meer betekenislagen krijgt door een *kritische interpretatie*. Dat was met house al onder druk komen te staan, hoezeer ook die in zwarte hoezen gestoken 12-inches van anonieme artiesten vol semi-instrumentale muziek nog voor een bepaalde bevrijding stonden. Een bevrijding die te kort heeft geduurd want deze subcultuur heeft, zoals we zullen zien, met andere problemen van technologische aard te kampen.

Maar het misschien meest onvoorspelbare effect, al zag Gibson dit aankomen, en meest desastreuze effect is dat de muzikant geen tijd krijgt om rustig te groeien, te experimenteren, zichzelf als artiest te vormen en hervormen. Wellicht dat een tijdelijke terugtrekking, zoals die van Aphex Twin kan werken. Maar hij heeft zijn naam en persona in een periode van collectieve euforie en vooruitgang gemaakt waardoor er voor hem als een soort Dylan-van-techno altijd interesse zal zijn van een schare trouwe volgelingen. Wie durft na een geslaagd album, met een goede *buzz*, zich uit de informatiestroom terug te trekken? Zonder garantie dat de aandacht, met moeite verzameld, over een aantal jaar op identieke wijze weer met dezelfde intensiteit terugkeert? En zelfs als er nog zulke artiesten zijn – het netwerk rond Ricardo Villalobos doet zijn best – dan zijn het te weinig in aantal om te ontsnappen aan de zwaartekracht van culturele stasis die alles op zijn plek houdt.

Het geloof in de toekomst van de popmuziek was een prachtige droom, een die ook tot het einde der dagen kan worden herbeleefd, maar als culturele kracht is zijn rol uitgespeeld. Dit hoeft niet erg te zijn. Het beste is dat we niet te lang blijven hangen aan een twintigste-eeuwse kunstvorm, die compleet geritualiseerd en door herhaling vrijwel waardeloos dreigt te worden, zoals ook gebeurd is met bepaalde kunstuitingen van voorgaande eeuwen. (Alle *Idols*-achtige popmuziekderivaten en de musealisering door middel van eindeloze reünieconcerten versnellen dit proces.) Vandaar dat ook, wellicht tegen beter weten in, de bezuinigingen in de culturele sector als hoopgevend moeten worden gezien. Ze bieden de mogelijkheid van een *reboot*, een ongetwijfeld pijnlijke fase van heroriëntatie waarin creativiteit zich met hernieuwde energie massaal kan richten op de toekomst en zich bevrijdt van verstikkende oude modellen. In de technokapitalistisch-conservatief<>liberale-wereldwijdewebconstellatie verliezen we ons in caleidoscopische navelstaarderij, een soort hypnose van een heden, gebouwd uit feedbackloops van het verleden dat nooit meer lijkt te veranderen. Het is alsof we onze blik afwenden van de toekomst omdat we vermoeden dat de toekomst rampzalig zal uitpakken. Reden te meer om deze even voorspelbare als saaie *deathtrip* te doorbreken.

UPDATE OP DE DANSVLOER

"They are taking pictures of taking pictures," he said.

Don DeLillo – *White Noise*

Het blijft wennen. Mensen die midden op de dansvloer hun Facebook updaten. De vergroeide lichaam-technologie-ervaring van de nieuwe generatie, waarom voelt deze anders aan dan de vergroeiing van voorgaande generaties? We bevinden ons in eenzelfde ruimte met grofweg een gemeenschappelijk doel en toch wringt het, leidt het, al is het maar een kort moment, af. Ondanks de meer zichtbare uitingsvormen van smartphone in combinatie met *social media* is dit ongemak op de dansvloer al lang geleden ontstaan.

Tijdens de hoogtijdagen van rave was het niet ongebruikelijk dat een complete zaal in Paradiso collectief in de muziek leek te zijn geplugd. Nachten in donkere, obscure clubs, zonder regels, opgezet voor de alles verslindende liefde voor muziek. Dat meemaken is muziek serieus nemen. Niet zozeer humorloos muziek objectiveren, maar de potentiële vreugde van muziek herkennen en deze, hoe hoogdravend dat ook mag klinken, eren. Dat is eigenlijk alles. Sommige mensen vinden muziek belangrijker dan anderen, zoals uitgaan veel dingen kan betekenen. Wat rave circa 1991 echter zo speciaal maakte is dat de betekenis van uitgaan door zoveel mensen werd gedeeld. Daarbij hoort een gevoel dat muziek je doet versmelten met iets dat groter is dan jezelf, een verlies dat genot schenkt.

Door de jaren heen is die ervaring verwaterd. Dat is voor een deel het resultaat van een bepaalde culturele halveringstijd. Rave was een moment van kortstondige eenheid waarna een proces van verdeling op gang kwam, bijvoorbeeld door een in eerste instantie semantische splitsing tussen house en techno, maar vooral door de ontwikkeling van nieuwe genres als jungle en gabber. Waarna speed garage opkwam dat weer een deel van het publiek meenam. Jungle bleef bestaan met zijn eigen trouwe volgers. Speed garage muteerde weer in two-step, nam weer een deel van het publiek van speed garage mee, beide bleven naast elkaar bestaan, et cetera. Op deze manier werden dansculturen steeds meer een niche, met minder cultureel gewicht, soms kortstondig weer aan elkaar verbonden door unieke figuren als Burial.

De onvermijdelijke verzakelijking heeft echter op een meer geestdodende manier de ervaring aangetast: wat open en onvoorspelbaar was professionaliseert tot regels en wordt geconfronteerd met de inmenging van de gevreesde polderbureaucratie. Is er een grotere afknapper dan het ritueeltje met de beveiliging voordat men een club of festival betreedt? Dat is overigens een symptoom van de politieke druk om feesten te reguleren. Organisatoren kozen wijselijk de weg van de minste weerstand en hierdoor is rave uiteindelijk gealcoholiseerd. De pillentests van Adviesburo Drugs tijdens feesten werden verboden en er ontstond een breuk in ervaring tussen drugsloze muziekfanaten en *versmelters* enerzijds en de drinkers anderzijds die al snel midden op de dansvloer schreeuwend gesprekken trachten te voeren, om vervolgens nieuwe ladingen bier te bestellen, waarbij ze achteloos dansers uit hun trance halen. De rave-ervaring is daarna zelden teruggekeerd, met uitzondering van een optreden van Vitalic die de Oude Zaal van de Melkweg *dwong* om collectief uit zijn dak te gaan. Maar Vitalic was slim genoeg om in te zien dat dit soort momenten alleen nog van korte duur konden zijn, rave als een flits in plaats van plateau.

Waar circa 2002 een vulgaire commercialisering zich probeerde op te dringen in het clubcircuit (televisies in de zalen met reclames als dieptepunt) hebben clubs desondanks de laatste jaren de liefde voor muziek enigszins teruggewonnen. Men zou dit de verspreiding van een Berlijnse ethiek kunnen noemen waar Trouw in Amsterdam duidelijk op is geënt: ruimte, voorzieningen, kaalheid, de muziek centraal. En toch blijft de danser overmand worden door een eenzaamheid op de dansvloer, zijn het nog weinigen die vier uur lang de muziek volgen. Want los van de smartphone heerst er soms een chronisch aandachtstekort, alsof men alleen nog hoogtepunten interessant vindt en niet de manier waarop die hoogtepunten tot stand komen.

Dit fenomeen is een tijdlang onopgemerkt gebleven of verzwegen. Ongetwijfeld omdat er een vervelend moralistische associatie aan kleeft van kritiek op jongeren die "het allemaal niet snappen." Vandaar dat de woorden van François Kevorkian in een interview met *DJ Broadcast* bevrijdend klonken, hoewel het woord *jonge* wat mij betreft tussen haakjes kan worden gezet:

> Jonge mensen zijn meer geïnteresseerd in hun mobieltje en foto's maken in de club. Dat weerhoudt ze ervan om echt diep in de muziek te zitten. Vroeger was uitgaan meer een ceremonie, een ritueel, echt iets dieps.[11]

Hier werd een gevoelige snaar geraakt en heel even leek er zowaar een discussie op gang te komen over de vraag hoe dit is op te lossen[12]. Een logische suggestie was het gedwongen inleveren van smartphones bij betreding van de club (bijvoorbeeld met behulp van kluisjes.) Dat is echter niet de juiste oplossing. Allereerst omdat je respect moet hebben voor de manier waarop

---

[11] 'François K, onafgeleid' in *DJ Broadcast*, 11 november 2011 http://www.djbroadcast.nl/features/featureitem_id=1724/Franois_K_onafgeleid.html

[12] 'Verban de smartphone van de dansvloer', *DJ Broadcast*, 10 januari 2012 http://www.djbroadcast.nl/features/featureitem_id=1753/Verban_de_smartphone_van_de_dansvloer.html

mensen met hun technologie omgaan, overigens niet alleen telefoons of Internet maar ook drugtechnologie. Verbieden helpt niet, paternalisme is een houding die de zaken alleen maar verergert en waar bovendien de maatschappij al op ziekelijke wijze van overloopt. Een terugkeer naar de *black box* kan werken, de donkere club aangevuld met enkel stroboscoop en rookmachine helpt de focus verleggen van zicht naar gehoor, dwingt de bezoeker om te participeren. Artiesten als Autechre en Agoria hebben de duisternis als extra dimensie van hun optreden al ingezet. De dansvloer als zone om even te verdwijnen, weg van alledag, taal, media, identiteit of permanente zichtbaarheid.

Een oplossing op breder niveau is de ontwikkeling van een ethiek van luisteren. Dit houdt een respect voor muziek in. Een besef dat muziek op heel veel manieren ervaren kan worden maar dat de diepte van muziek waar Kevorkian naar hint, iets is dat niet zomaar genegeerd kan worden. Wel door het individu zelf mocht men het niet zo interesseren maar, en hier komt het ware probleem, niet voor een *ander*. Natuurlijk is dit niet te leren, niet op didactische wijze, en daarom zal de situatie ook niet snel veranderen. Waar het mee zou moeten beginnen is met een zelfanalyse, met vragen als: wie ben ik? Wat is mijn relatie met technologie? Wat voel ik wanneer ik ben afgesloten van mijn favoriete technologie? Wat betekent muziek voor mij? Wat betekent muziek voor anderen?

Er bestaat een modern zenachtig spreekwoord dat stelt: ergens over twitteren is datgene op dat moment niet waarnemen. Daarmee wordt de kern van het probleem geraakt. Updaten, en in iets mindere mate filmen/fotograferen, op de dansvloer is in die zin alsof men een gesprek voert (dé grote ergernis van de meerderheid van concertgangers) zonder geluid te produceren. De ergernis is voor de omstander minder maar uiteindelijk raakt het jezelf, breekt het de relatie met muziek. En het heeft een bredere, culturele consequentie. Vraag jezelf af: wat is er gebeurd met het "legendarische concert"? Die mythische optredens als Rolling Stones in het Kurhaus, Prince en Bad Brains in Paradiso, LTJ Bukem op zo maar een donderdagnacht in De Melkweg, waar op een gegeven moment meer mensen bij zijn geweest dan mogelijk was? Die optredens bestaan niet meer. Niet omdat er geen goede muziek wordt gemaakt of zelfs omdat er geen sublieme concerten worden gegeven. Die optredens bestaan niet meer omdat alles zichtbaar is, alles is vastgelegd[13]. Op film zeker, maar ook als vertelling. Door het permanent updaten van social media tijdens optredens wordt niet alleen de aandacht versnipperd maar de muziek meteen vastgepind. Wanneer het optreden is afgelopen is het ook meteen op alle niveaus afgelopen. Er hoeft niets meer te worden verhaald, het is al een afgesloten hoofdstuk, de aandacht

---

[13] Een recent fenomeen op YouTube is de toename van beelden van optredens uit de tijd voor de smartphone. Het geeft een onbehagelijk gevoel wanneer men geconfronteerd wordt met beelden van optredens die men heeft bijgewoond, zonder op dat moment bewust te zijn geweest dat het werd gefilmd. Alsof men het verleden vanuit het heden filmt.

kan verlegd worden naar iets anders. En hier vindt een verlies plaats, een proces van vertellen dat soms jarenlang duurt, waarbij herinneringen worden vervormd tot iets groter dan het evenement in werkelijkheid wellicht was. Er is geen mysterie. Muziek wordt eendimensionaal.

DE GEDEELDE AUTEUR

REMIXOLOGIE: OVER DE BRONNEN VAN SHAREWARE

I'm not into sampling much. If you're trying to bring about tomorrow, don't take shit from yesterday.

Beans (Anti-Pop Consortium)

Wanneer we shareware als metafoor willen kopiëren naar een nieuwe mentaliteit in de kunst is het noodzakelijk om eerst de broncode van de term te bestuderen. Met die afbakening in het achterhoofd kunnen we scherper observeren waar deze metafoor daadwerkelijk werkt en waar deze afwijkt van het originele concept. De wortels van shareware liggen in de computerwereld. Om de eenvoudigste omschrijving als basis te gebruiken: software die men gratis downloadt van een netwerk en vervolgens gebruikt voordat het daadwerkelijk wordt gekocht. Dit idee zullen we verder uitbouwen en vergelijken met andere vergelijkbare termen.

Voor de introductie van de PC in 1981 was de computerwereld een anarchistische subcultuur waarin veel kleine programma's circuleerden zonder dat de programmeurs er moeite voor deden om ze te verkopen. Twee programmeurs Andrew Fluegelman en Jim Knopf besloten om twee, voor de nieuwe PC geschreven, applicaties (PC-Talk en PC-File) te verspreiden over *bulletin boards* in plaats van tijd en geld te investeren om de programma's op conventionele wijze in de winkel te verkopen. Het was een bewuste keuze om de software vrijelijk door middel van kopiëren te laten verspreiden. In de bijgevoegde documentatie werd de gebruiker echter opgeroepen om geld te sturen naar de programmeurs ter ondersteuning van verdere ontwikkeling van de software. Fluegelman verzon voor dit proces de naam freeware en poneerde deze term als merknaam.

In 1984 publiceerde het tijdschrift *Softalk-PC* een column over het nieuwe fenomeen om op het probleem te stuiten dat freeware als term was beschermd, waarna een prijsvraag werd uitgeschreven om een betere naam te bedenken. De winnende naam bleek shareware. De beperkingen die de grootschalige verspreiding van shareware in de jaren tachtig tegenhielden verdwenen met de opkomst van Internet en de groeiende downloadsnelheden. Vooral games vormden een katalysator voor shareware als marketinggereedschap door bijvoorbeeld een beperkt aantal levels gratis weg te geven waarna spelers, eenmaal op weg in het spel, voor meer konden betalen. Apogee introduceerde dit model, verder uitgewerkt door zusterbedrijf id Software dat in 1993 het revolutionaire *Doom* in een complete versie door gebruikers liet downloaden en verspreiden, om het pas twee jaar later in vernieuwde versie in winkels te verkopen. *Doom* is een interessante casus, niet alleen vanwege het succes als puur shareware product maar ook omdat het een voorheen onvoorstelbare creatieve golf veroorzaakte dankzij de opkomst van *level editors* waarmee gebruikers het spel op allerlei manieren konden bewerken (door bijvoorbeeld personages te veranderen, nieuwe levels te bouwen.)

William Gibson karakteriseerde ooit de PC als "de wraak van de hippies."[14] Eigenlijk een dubbele wraak gezien de wortels van het Internet in de hippiebijbel *The Whole Earth Catalogue* (Steve Jobs van Apple: "een soort Google in paperback formaat, 35 jaar voordat Google opkwam."[15]) Deze gids werd in 1968 gelanceerd met het expliciete doel om kennis vrij te laten circuleren en daarmee te onttrekken aan universiteit en overheid (precies de instituten die tot de opkomst van de PC een monopolie bezitten op logge en onbetaalbare computers.) Internet zal PCs uiteindelijk zonder centraal controlepunt verbinden en die kennis op voorheen onvoorstelbare schaal vrij laten zijn. Er is in die zin sprake van een hippiecontinuüm dat de antitechnologische ideologieën van bepaalde utopische facties negeert en technologie inzet voor vrije kennisdeling, ecologische vraagstukken en alternatieve

---

[14] Interview met Martin Walker, 'Blade Runner on electro-steroids', *Mail and Guardian*, april 1995.
[15] Steve Jobs, Stanford Commencement address, 12 juni 2005.

economieën. *The Whole Earth Catalogue* keek ook niet per definitie neer op kapitalisme maar zag wel ruimte voor veranderingen: een voorkeur voor duurzame, kleine bedrijfsvoering, financieel transparant, bij voorkeur gebaseerd op de ontwikkeling van gereedschappen (in een zo breed mogelijke definitie) en met een andere set doelstellingen[16]. Shareware is hier als marketingidee in te herkennen, het verspreidt zich op een andere wijze, het staat open voor samenwerking en verbetering en heeft een aspect van de gift in zich.

Is Internet een herboren gifteconomie die gericht is op het herbevestigen van sociale relaties? Eigenlijk zouden we Internet moeten karakteriseren als een entiteit waarin ruileconomische principes naast die van de gift en de markteconomie werken[17]. Dat die economie minder utopisch uitpakt dan het ideaal van 1968 is duidelijk. In het WEC project bevonden zich genoeg openingen om Amerikaans-libertair kapitalisme toe te laten en vroege Internetideologen als Howard Rheingold en Kevin Kelley waren gelieerd aan elektronische reïncarnaties van WEC. Hun lofzangen op de netwerkeconomie zijn in veel aspecten visionair geweest zonder, in vertrouwde utopische traditie, oog te hebben gehad voor schaduwzijdes als fatale beursgangen, verdampte dot.com

---

[16] E.F. Schumachers uitwerking van Buddhist Economics was onder andere een invloedrijke richtingwijzer, zie ook *Hou Het Klein*, Amboboeken (1973)

[17] Voor een interpretatie van de open source beweging en hackercultuur als een nieuwe vorm van een gifteconomie waarin tijd, energie en creativiteit wordt weggeven in ruil voor prestige zie Eric S. Raymond - *Homesteading the Noosphere* (1998)

investeringen, ingestorte huizenmarkten, twijfelachtige arbeidsvoorwaarden en de outsourcing van ICT.

Shareware herbergt een zekere illusie die verweven is met een belangrijk aspect van Internet, namelijk dat voorbij toegang en de hardware de meeste informatie gratis is en dat wat eenmaal gratis is moeilijk, vrijwel onmogelijk, nog kan functioneren als betalende dienst. Shareware is van origine een compleet product maar werd steeds vaker in beperkte versies verspreid waarna bij betaling een volledige versie kon worden ontsloten. Dat brengt een aantal problemen met zich mee: mensen zijn tevreden met een beperkt of tijdelijk programma; ze zoeken en delen activatiecodes van sharewareprogramma's om ze gratis te blijven gebruiken; er zijn alternatieven die op shareware lijken.

Freeware is voor onbepaalde tijd gratis in gebruik (met behoud van copyright). Free Software[18] is misschien de meest radicale variant, het is software (met als bekendste variant Linux) die draait om *vrijheid*, van gebruik, kopiëren of verbetering (de broncode wordt meegeleverd bij het programma.) Beide alternatieven hebben een sterke ideologische insteek: het gratis toegankelijk maken van software als onderdeel van een goede informatiestructuur ten opzichte van een vrije manier om goede software te maken en te gebruiken met een expliciet sociaal doel van het vergroten van vrijheid in het algemeen:

---

[18] Met om het nog ingewikkelder te maken Open Source als vaak gebruikte alternatieve benaming. Open Source is in wezen een puur op de praktijk van software ontwikkeling gerichte variant van Free Software.

These freedoms are vitally important. They are essential, not just for the individual users' sake, but because they promote social solidarity—that is, sharing and cooperation. They become even more important as more and more of our culture and life activities are digitized. In a world of digital sounds, images and words, free software comes increasingly to equate with freedom in general.[19]

Misschien is Internet wel een overkoepeld shareware project waarmee gratis content wordt gegeneerd met de hoop dat er ooit voor wordt betaald. Dat is enigszins gechargeerd. Veeleer is Internet zoals eerder gememoreerd een economische mengvorm, maar het blijft na al die jaren verbazingwekkend dat zoveel informatie puur uit liefhebberij wordt gecreëerd zonder enige directe financiële genoegdoening. Web 2.0 spelt dit uit tot een ideologie met een praktijk waarin de gebruiker de informatie levert die zij consumeert, of beter gezegd tot zich neemt, want de meeste sociale sites zijn gratis. Shareware zou je hier moeten ontdoen van zijn originele gebruik en als synoniem kunnen zien voor de digitale inzet van de identiteit in een spel zonder einde of prijs, het delen van het sociale zelf als doelloze continuïteit.

Voorbij die sceptische blik beginnen echter culturele praktijken vorm te krijgen die weldegelijk het voorbeeld volgen van de eerder genoemde softwaremodellen. In tegenstelling tot het gedigitaliseerde beeld, dat door de onvoorstelbare hoeveelheden

---

[19] Richard Stallmann – 'Why "Open Source" Misses The Point Of Free Software', http://www.gnu.org/philosophy/open-source-misses-the-point.html

die circuleren de facto is vrij gegeven op het web totdat rechthebbenden zich er per individueel geval tegen verzetten, is muziek waarschijnlijk het interessantste slagveld. Sinds het digitaliseren van muziek een bijna zo eenvoudig proces is geworden als het scannen van een foto is er een ongemakkelijke situatie ontstaan waar wetgeving, al was het vanwege internationale tegenstrijdigheden, in de knoop ligt.

De tijd dat de mp3 kon worden gekarakteriseerd als piraterij ligt sinds de introductie van de iPod (2001) definitief achter ons. Dat een gerenommeerd bedrijf als Apple deze stap ondernam in combinatie met het opzetten van de winkel iTunes voor de verkoop van legale mp3s was een "nu is er geen stap terug" moment. Het maakte gedigitaliseerde muziek aanvaardbaar. Daarachter woekert nog steeds het uitwisselen van niet-geautoriseerde kopieën. Wat echter vaak wordt vergeten is dat vanaf het begin artiesten en labels hun muziek op beperkte schaal als mp3 weggaven. M-nus[20] kon als onafhankelijk label met een lichtelijk futuristische ideologie eenvoudig tracks weggeven die toch bedoeld waren voor verspreiding op de beperkte markt van vinyl voor dj's. Maar eigenlijk is er sprake van een langetermijnproces dat al werd ingezet met de opkomst van de cassette.

---

[20] http://www..m-nus.com. Tegenwoordig dankzij oprichter Richie Hawtin gelieerd aan beatport.com, een in dansmuziek gespecialiseerde mp3-winkel.

Tot de opkomst van de mp3 en de CD-R was de cassette dé drager voor muziek die zich onttrok aan het eenrichtingsverkeer richting consument zoals in stand gehouden door de legitieme muziekdistributie. Men kan zelfs stellen dat muziekgenres wanneer zij zich in haar jongste, meest creatieve fase bevonden, waar ideeën snel circuleren en nog niet zijn neergeslagen in structuren opgelegd door het model van de muziekindustrie, gedreven werden door de cassette. Dit kon de vorm aannemen van onafhankelijk opererende cassettelabels van punk tot black metal naar de documentatie van het moment in genres waar de collectieve gebeurtenis in hoog aanzien stond (de eerste jaren van hiphop, rave.) Daarnaast speelde de cassette een cruciale rol in de verspreiding van muziek als gift, in eenvoudige vorm als het doorgeven van gekopieerde albums, in creatievere vorm als mixtape waarin gepersonaliseerde, vaak thematische compilaties, al dan niet met eigen artwork, werden gegeven, meestal met de rituele verwachting van een wedergift en anders als muzikale boodschap (aan bijvoorbeeld een geliefde) of tentoonspreiding van de goede smaak.

Het hoeft niet te verwonderen dat het meest uitgesproken platenlabel als het gaat om nieuwe manieren van muziekdistributie ooit is begonnen met het uitgeven van cassettes. Het Britse Iridial Discs is sinds de jaren tachtig uitgegroeid tot het platenlabel dat de veranderende status van muziek het meest serieus neemt en werkelijk doordenkt. In filosofische zin doet zij dit door het volgen van The Free Music Philosophy dat letterlijk is geïnspireerd door Free Software[21]. Dus muziek hoort vrij te zijn om creativiteit te stimuleren en dat houdt in dat elk individu vrij is om muziek te kopiëren, distribueren en te modificeren *voor persoonlijk gebruik en non-commercieel gebruik*. Het betekent niet dat artiesten hun muziek per definitie gratis weggeven, de verkoop van cd's blijft voorbehouden aan de artiest zelf. Wat Iridial Discs speciaal maakt is dat ze niet alleen hun muziek digitaal gratis aanbieden[22] maar dat nummers op vinyl vaak worden aangeboden in een ontlede versie, alle geluiden waar een nummer uit is opgebouwd zijn los aanwezig zodat muzikanten deze weer op een nieuwe manier kunnen gebruiken. De creatieve praktijk wordt gestimuleerd.

Shareware zoals we het tot nu toe hebben geanalyseerd is bovenal een marketingconcept. Muziek biedt ons ook een mogelijkheid om shareware naar een culturele mentaliteit te trekken. Shareware en aanverwanten staan voor openheid (vrijheid) met als achterliggende gedachte dat het culturele

---

[21] *Irdial-Discs embraces the Free Music Philosophy*, het complete manifest is te lezen op http://www.irdial.com/free_and_easy.htm

[22] http://irdial.hyperreal.org/ met in de identificatiecode (de zogenaamde ID3 tag) van elke MP3 de volgende shareware boodschap: "You are granted permission to copy, and distribute the musical compositions and sound recordings on this album, provided this notice is included with every copy that is made. Distribution is allowed on a non-commercial basis only. If you obtained this by making a copy, and if you find value in this music and wish to support it, please send a donation based on whatever you thought the music was worth to the address given on this notice."

dynamiek aanjaagt. In navolging van onder andere Lawrence Lessing, Paul D. Miller en Lev Manovich[23] is de remix aan te wijzen als de meest in het oog springende praktijk ter bevordering van die dynamiek. De remix, kort gezegd het herschikken van (muzikale) elementen om de functie van een stuk te veranderen gaat, voorbij disco en reggae, minstens terug tot Marcel Duchamp. Wat echter ontegenzeggelijk is veranderd is de hoeveelheid materiaal die onderhevig is aan de remix dankzij de toegankelijkheid die digitalisering biedt en de veranderde verhouding tussen producenten en consumenten van *content.* De kunstenaar, auteur, muzikant als autonome entiteit lijkt, als inlossing van (post)structuralistische beloftes over "de dood van de auteur", in een vloedgolf te worden weggeslagen (Miller: "tegenwoordig zijn we allemaal fabrieken.")

Trompettist Jon Hassell bedacht ooit het concept van de Fourth World, een gefragmenteerde wereld waarin de mogelijkheid bestond van een oorlog tussen de 15de en 21ste eeuw. Tegenwoordig leven talloze ideologieën onverenigbaar in nabijheid: futuristen gegroepeerd rond thema's als netwerksamenlevingen of ecologie leven in een zelfde tijd als groepen die negentiende-eeuwse ideeën propageren over de natiestaat of koortsachtig de constructie van de auteur/genie in stand willen houden. Dit laatste wordt als tijdloze entiteit ingezet

---

[23] Paul D. Miller – *Rhythm Science* (2004), Lev Manovich - *Software Studies* (2008) en Lawrence Lessing – *Remix* (2008)

op een langdurig en complex front van de auteursrechten. Of die kwestie tot een definitieve oplossing zal leiden is twijfelachtig, maar de shareware- en remixmentaliteit snakt naar openheid. Zij is al in praktijk gebracht door middel van basale zaken als de Firefox browser of Netvibes die persoonsgebonden de perceptie van de Internetgebruiker dagelijks stuurt.

Het grootste obstakel voor de remix vormt strikt toegepaste copyright. Copyright is op zichzelf niet een probleem maar als reactie op digitaliseringsprocessen is er een beweging in gang gezet om bijvoorbeeld de termijnen van auteursrechten te verlengen en, zorgwekkender, de toegang van academische teksten steeds meer af te sluiten met gebruik van auteursrecht. De inzet van wetgeving heeft begin jaren negentig nog korte metten weten te maken met de eerste golf van muziek die excessief gebruik maakte van samples maar sinds de groei van Internet lijkt dit definitief geproblematiseerd[24]. Creative Commons licenties presenteerden daarom een interessant alternatief, een aanzet tot een meervoudig systeem dat artiesten de kans geeft om hun werk

---

[24] Een interessant en uitstekende gedocumenteerd artikel dat tegen deze algemeen geaccepteerde visie ingaat, is Thomas J. Woo 'Remix Without Romance' in *Connecticut Law Review*, Vol.44, 21 december 2011. Woo probeert te argumenteren dat de zogenaamde sampledelia artistiek zijn hoogtepunt had bereikt en niet door een strikte vervolging van onrechtmatig samplegebruik is tegengewerkt. Vreemd genoeg (strategisch?) noemt Woo precies niet de twee voorbeelden van overtrokken sample claims waarvan een intimiderende kracht uitgaat: A Tribe Called Quests 'Can I Kick It?' waarvan alle royalties naar Lou Reed gaan vanwege het gebruik van een gesamplede baslijn en The Verve's 'Bittersweet Symphony' waar het gebruik van een sample resulteerde in een totale songwriter credit Jagger/Richards en geen enkele royalty's voor de band.

naar eigen inzicht te openen, bijvoorbeeld door te specificeren dat er samples van mogen worden gemaakt. Het gebruik van Creative Commons vraagt om een gebrek aan angst. Angst om de zekerheid van het klassieke copyright los te laten en bijvoorbeeld digitale versies van boeken gratis weg te geven zoals Cory Doctorow[25] pleegt te doen, maar meer in het algemeen een angst voor de Ander, wat anderen met jouw materiaal en ideeën kunnen verrichten.

Shareware als mentaliteit is niet meer tegen te houden en in het minst gunstige geval zal de situatie zoals deze nu bestaat doorgaan. Blijft vervolgens een vraag over: is de dynamiek van de remix eindig? Zal de hoeveelheid modificaties een zodanig volume aannemen dat het tot nieuwe complexe hybriden leidt of is het te remixen bronmateriaal eindig waardoor zelfs de openheid van shareware geen effect meer oogst? In elk geval komt die vraag voor de beeldende kunst nog te vroeg, er zijn nog genoeg bronnen om te remixen, de eerste aanzetten tot vermenging met bijvoorbeeld games zijn niet meer dan een voorzichtige verkenning, het gebruik van software meer uitzondering dan regel.

---

[25] http://craphound.com/ Doctorow geeft zijn boeken vrij met een Creative Commons Attribution-Noncommercial-ShareAlike licentie. De afspraak met lezers is dat zij het digitale boek mogen omzetten in andere formats en deze weer terugsturen naar Doctorow zodat hij het boek in zoveel mogelijk digitale conversies kan aanbieden.

DE GRATIS DICTATUUR

We're no longer in an era of mass production, we're in an era of mass customization.

DJ Spooky

Shareware als metafoor gaat uit van een positieve instelling. Het aanjagen van een culturele dynamiek is in wezen een edel streven. Het kent echter zijn schaduwkanten die steeds zichtbaarder worden. Je pikt geruchten op over betaalmuren, talloze pleidooien tegen copyright, voor copyright, op handen zijnde rechtszaken tegen copyrightschenders, uitgeverijen hebben het moeilijk, boekwinkels ook en de betaalde productie van creatieve uitingen komt steeds meer onder druk te staan. Maar zoals eerder gesteld: het terugdraaien van gratis, een van de pijlers van Internet, is problematisch. Is men eenmaal gewend aan gratis (hetzij illegaal of legaal) dan bestaat er grote weerstand om voor hetzelfde te gaan betalen. De gebruiker zal zichzelf immers de vraag stellen: wat is er voor mij veranderd dat ik voor eenzelfde dienst moet gaan betalen? En wat zijn de alternatieven? Zoals gezegd, het is geen nieuw probleem maar het lijkt zich te intensiveren alsof de gevolgen nu pas tastbaar worden buiten het Internet[26]. De paniekerige reacties op het faillissement van boekenwinkelketen Selexyz zijn een goed voorbeeld[27]. Het idee lijkt zich te verspreiden dat we te maken hebben met een nieuwe zeepbel die blijft groeien en toch ooit zal moeten knappen.

Als er op de wereld een eindige hoeveelheid geld is waar vloeit het dan naar toe? Dat is een essentiële vraag wanneer men probeert voor te stellen wat mensen in Westerse economieën in de nabije toekomst op enigszins *grote schaal* moeten produceren om geld mee te verdienen. Geld waarmee de consumptie-productiecyclus in stand kan worden gehouden. Het is niet heel avontuurlijk om er van uit te gaan dat het percentage onlinediensten (in welke vorm dan ook) moet gaan toenemen. Tegelijkertijd knaagt de twijfel of online dat percentage werkgelegenheid kan dragen, zeker als gratis het centrale principe blijft, maar ook productie en distributie dankzij 3D-printing nog eens radicaal zullen veranderen. Geen wonder dat steeds vaker als

---

[26] John Perry Barlow, 'The Economy of Ideas' in *Wired* (1993). Een zeer vroege analyse van de problemen rond auteursrecht en Internet. Wat teleurstelt is dat dit geen verloren gewaand essay is maar destijds uitgebreid werd besproken…en vervolgens genegeerd.
http://www.wired.com/wired/archive/2.03/economy.ideas_pr.html

[27] Na 2012 werd een doorstart gemaakt onder de nieuwe naam Polare, waarna in 2014 een herhaling van zetten volgde.

in een negentiende-eeuwse spotprent het beeld ontstaat van een geldstroom die richting de top van een piramide beweegt, waar een kleine groep steeds rijker wordt. We kennen ze tegenwoordig als de 1%.

Een slimme samenvatting van het probleem rond de waarde van creativiteit is: Lady Gaga heeft $167 verdiend (nee, de nullen zijn niet vergeten) aan de 1 miljoen keer dat 'Poker Face' op Spotify is gestreamd[28]. Laten we deze *factoid* (zeg maar een *Internet*-feit tot het tegendeel is bewezen) voor waar aannemen. Een duidelijke zaak: als een van de populairste artiesten ter wereld dat schamele bedrag heeft verdiend met het online afspelen van een van haar grootste hits, hoef je als muzikant weinig financiële heil te verwachten van het veelgeroemde Spotify, dat naast iTunes tot nu toe het meest heeft bewerkstelligd om online muziek van een legale status te voorzien.

Wellicht is het een juiste prijs voor gestreamde muziek van minderwaardige kwaliteit. Want eigenlijk zijn betaalde mp3s altijd discutabel geweest, of op zijn minst te duur. Zoals muziekliefhebbers immers al decennia lang hebben geklaagd dat cd's te duur waren, de prijs vrijwel niet te beïnvloeden door marktwerking of economische fluctuaties (behalve degene die door de industrie zelf waren opgesteld.) Bij mp3s leek men uit te

[28] Jonathan Brown 'Spotify: 1 million plays, £108 return', *The Independent*, 14 april 2012.

gaan van de rekensom: een cd kost 20 euro, gemiddeld staan er 10 nummers op een cd. Dus een nummer kost 2 euro. Deze prijs is gewoon als gemiddelde vertaald naar mp3, wat hoe je het went of keert auditief een minderwaardig product is dat hoogstens enkele centen zou mogen kosten. Spotify is in die zin eerlijker voor de consument omdat het werkt met een goedkope abonnementsservice en als een soort nieuwe vorm van radio niet pretendeert te concurreren met audiodragers van hogere kwaliteit.

Klinkt dit argument bekend? Muzikanten moeten vooral geld verdienen met optredens en de verkoop van merchandising waarbij de muziek op geluidsdragers als een soort reclame dienen. Dat model lijkt te werken, want de concerttickets zijn de afgelopen jaren veel duurder geworden en *de consument wil dat graag betalen* gezien het groot aantal uitverkochte concerten en festivals. Totdat de Amerikaanse muzikant David Lowery een artikel publiceerde waarin hij op minutieuze wijze probeert aan te tonen dat die realiteit helaas minder rooskleurig is...en veel complexer[29]. Na zijn betoog voelt het "verdien met T-shirts je geld" argument gênant omdat je een oplossing die redelijk klinkt te makkelijk hebt geaccepteerd. Bovendien ontvouwt Lowery een intrigerend beeld waarbij hij de grote technologiebedrijven aanwijst als de profiteurs

---

[29] David Lowery - 'Meet The New Boss, Worse Than The Old Boss?' 15 april 2012, https://thetrichordist.wordpress.com/2012/04/15/meet-the-new-boss-worse-than-the-old-boss-full-post/

van de devaluatie van muziek, wat uiteindelijk leidt tot de volgende uitdaging:

> I'll make technologists a deal, I'll give up my song copyrights if you give up your software patents. Software patents are even less unique than your typical song. So this should be easy right?

Het is jammer dat die uitdaging hoogstwaarschijnlijk is geformuleerd tegen het principe van shareware. Waarom objectloze digitale muziek dan niet gewoon als "reclame" weggeven? De hele op de spits gedreven confrontaties, politiek gekonkel en paranoia rond copyrightschendingen vergeten en meer aandacht besteden aan de fetisjering van het object? Dat wil zeggen de klassieke geluidsdragers vinyl en cd met zorg uitbrengen als een object dat verlangen oproept en waarvoor de liefhebber, de verzamelaar in ons, wil betalen[30]. Digitale muziek, helaas verworden tot een onzichtbaar wegwerpproduct, zal namelijk gratis blijven, het stroomt door alle mazen heen en met steeds groter gebruikersgemak. Het is de perfecte synthese van beide interpretaties van het beroemde aforisme "Information wants to be free", gratis en vrij[31].

---

[30] Wie dat ouderwets vindt, kan terecht bij Terre Thaemlitz en zijn *Soullessness* album op 16GB Class 4 MicroSDHC kaart, volgestopt met muziek, video en documentatie. http://www.comatonse.com/design/recordcd/cd/c020.html

[31] In verschillende vormen een uitspraak van Steward Brand die in zijn volledige vorm een complex probleem weergeeft: "Information Wants To Be Free.

De posities worden voornamelijk onder druk van auteursrechtorganisaties en lobbyisten nu zo gepolariseerd dat copyright dreigt privacy en basisvrijheden te overtroeven. Hierbij wordt de kunstenaar soms op brutale wijze als een retorische koevoet ingezet terwijl tegelijkertijd de kunsten politiek maar al te graag worden afgeserveerd als hobbyproject, overbodige luxe en elitair speeltje (kortom zonder waarde.) Wat de mobilisatie van anti-SOPA en ACTA[32] protesten duidelijk heeft gemaakt is dat een groot aantal mensen zegt: het is genoeg, tot hier en niet verder. Niet in een karikaturale versie als een massa hebberige downloaders die gemobiliseerd zijn door de technologie-industrie, maar gebruikers die zich zorgen maken over de toekomstige status van Internet en vrijheid. De controverse is zichtbaar, onderwerp van een collectieve discussie zoals het hoort te zijn. Een oplossing lijkt hierdoor echter meer dan ooit ver weg.

Bij een bovenstaand vrijgeven van digitale content gaan de gedachten al snel richting diensten die inkomsten kunnen genereren door middel van advertenties. Maar zoveel men van gratis houdt, zoveel haat men reclame op Internet. Door de jaren heen is het nooit gelukt om een echt acceptabele manier van

---

Information also wants to be expensive. ...That tension will not go away." In o.a. *Whole Earth Review*, mei 1985, p.49

[32] Stop Online Piracy Act, een Amerikaans wetvoorstel om auteursrechten strenger te handhaven. Begin 2012 ingetrokken na brede protesten. Anti-Counterfeiting Trade Agreement, een internationaal handelsverdrag voor het opstellen van standaarden waarmee intellectueel eigendomsrecht kan worden beschermd. Op 4 juli 2012 stemde het Europees Parlement na massaal protest tegen het verdrag.

online reclame te presenteren. Banners, pop-ups, steeds dezelfde verplichte reclame voor een YouTube filmpje zijn bronnen van ergernis. Zelfs de meest geslaagde variant, Google Ads, is gaan tegenstaan, helemaal nadat het in de zoekresultaten zelf kroop. Worden adverteerders trouwens op de hoogte gesteld dat hun reclames een bepaald percentage gebruikers nooit onder ogen zal komen? Of er op het moment sprake is van een significant percentage blijft vooralsnog onduidelijk, maar een gemiddelde gebruiker van bijvoorbeeld Firefox kan met een aantal eenvoudige ingrepen het aantal reclames (ook op Google en YouTube) drastisch terugbrengen.

Het is ook uiteindelijk een oude manier van adverteren. Eigenlijk zou men het Internet moeten zien als een grote aandachtsmachine, waarbij reclame is omgevormd tot aandacht voor een product dat nog door gebruikers wordt gegenereerd. Tegelijkertijd impliceert het voor positieve aandacht dat het product goed is. Maar uiteindelijk de meest sympathieke vorm van reclame richt men op de consument die al interesse heeft getoond in een product en zich vrijwillig inschrijft voor de nieuwsbrief. Dat klinkt duf en stoffig (noem het anders contentmarketing[33]) maar het gaat uit van wederzijds vertrouwen, een uitwisseling van kennis over nieuwe producten en diensten wanneer het nodig is, voor wie er potentieel in geïnteresseerd is. Daarbij moeten bedrijven zich

---

33 Marcel Stam, 'Content marketing voor B2B-bedrijven. Hype of holy grail?', 27 april 2012 http://www.b2bcontact.nl/magazine/content-marketing-voor-b2b-bedrijven-hype-of-holy-grail/

ook veel meer richten op smaakmakers (wat men in de mode al goed doorheeft) die vervolgens hun netwerk het werk laten doen en in potentiële klanten veranderd. Hoogst idealistisch in een tijd waarin de achtervolging van gebruikers naar een volgend niveau van irritatie is gebracht dankzij grootschalige inbreuk op de online privacy met behulp van *tracking*. Vanzelfsprekend op zijn beurt weer verstoort door de nieuwe generatie add-ons als Ghostery. En zo dansen we verder.

Muziek springt tot nu toe het meest in het oog wanneer we de impact van Internet op de waarde van creativiteit analyseren. Het is een langlopend dossier dat geen werkelijke oplossing kent en waar grote hoeveelheden geld in circuleren voor lobbyactiviteiten en een juridische *Totaler Krieg*. Maar muzikanten zijn een onderdeel van wat tegenwoordig graag de creatieve klasse wordt genoemd en waar beeldende kunstaars, schrijvers, curators, fotografen, filmers toe behoren en de journalistiek een grote verwantschap mee kent, net als de meer visuele takken van de computerindustrie.

Zonder enige twijfel kunnen we stellen dat de opkomst van Internet een positieve golf van creativiteit heeft veroorzaakt. De creatieve golf werd in eerste instantie voornamelijk voortgestuwd op basis van vrijwilligheid, omdat de reguliere wereld zich moest aanpassen, verdienmodellen afwezig waren, het hele concept van online vertrouwen nog moest geconstrueerd.

Deze golf is gedeeltelijk gekanaliseerd in een nieuwe, discutabele, economie maar heeft uiteindelijk negatieve gevolgen gehad voor de status van creativiteit in het algemeen. Zoals eerder gesteld: wat eerst gratis is, verandert moeilijk nog in betaalde diensten. Vooral het schrijven heeft hier onder te lijden gehad wat eigenlijk niet hoeft te verwonderen wanneer we Internet als een voornamelijk tekstgedreven medium zien. Een overdaad aan tekst heeft geresulteerd in een devaluatie die leidt tot drie belangrijke veranderingen: de waarde van teksten is verminderd, gevestigde papieren tekstmedia zijn (in paniek?) hun eigen kwaliteitsstandaarden gaan verlagen om te kunnen concurreren met de snelheid, stijl en waarde van online informatie en zij hebben zich massaal gestort op de visuele kant van Internet als bron van goedkope en populaire content. Voor de maatschappij als geheel is dat een zorgwekkende tendens omdat een hoogwaardige, kritische journalistiek controle uitoefent op politieke macht en deze taak is maar al te vaak uit het oog verloren.

De opgekomen creatieve klasse heeft in de loop der jaren een ambivalente status gekregen. In de negentiende eeuw voorzagen onder andere Flaubert en Nietzsche problemen met het opkomende proces van democratisering. Inmiddels zijn wij er zo aan gewend dat ondanks voortdurende klachten over “de democratie in crisis” wij niet meer durven na te denken over bepaalde onvoorziene effecten die zij heeft veroorzaakt. Is bijvoorbeeld het probleem van de hedendaagse creativiteit een uitvloeisel van het proces van democratisering dat is doorgevoerd op elk maatschappelijk niveau? Dat wil zeggen, heeft het groeiende aantal creatieven niet geleid tot verheffing maar een vervaging van verschil, een devaluatie die wordt versneld binnen een cultuur van terugkijken? Neem de term *curation* zoals deze recentelijk is gepopulariseerd als individuele culturele strategie, die met zijn associatie van het museale ook juist een gevoel van bewaren herbergt. In die zin is *curation* een conservatieve bezigheid, het bewaken van een nostalgische creativiteit, een veilige creativiteit die niets meer is dan een (heerlijk) spel met tekens.

In minder ouderwets cultuurpessimistische termen is dit bekend geworden als de cultus van de amateur. De status van de amateur blijft lastig, onder aanhangers heeft men altijd een slogan klaar liggen als "Kafka was ook een amateur!" Bovendien worden er wezenlijke sociologische vragen mee aangekaart als: heeft kunst pas waarde als er voor wordt betaald? Ben je pas een schrijver wanneer je de institutionele stempel van een uitgeverij hebt ontvangen? Ben je een filmer wanneer je werk in een bioscoop draait? Om terug te keren naar tekst is het interessant hoe de term blogger vrijwel altijd een negatieve connotatie heeft gehad (tenzij een professional, die zijn sporen al heeft verdiend, besluit om te gaan bloggen, die richting is acceptabel). Toch is het opvallend dat de nieuwsstroom die Twitter genereert, en overgenomen wordt door traditionele media, voor een groot gedeelte wordt geproduceerd door de expertise van bloggers, zeker op het gebied van cultuur en technologie. De blogger is tot een ongedefinieerde figuur verworden waarvan vaak niet duidelijk is of zij betaald wordt en dus vertrouwen genereert door kennis en het gratis delen daarvan.

Aan de andere kant is de creatieve klasse een nieuw soort economische pion geworden die via een mistige weg tot het retorische arsenaal van de stadspolitiek is gaan behoren. *City marketing* is een onaantrekkelijke term en wordt alleen maar vervelender als het "de creatieve klasse" zogenaamd hoog in het vaandel draagt, terwijl ondertussen elke onvoorspelbaarheid wordt vermeden. Men verwacht een lichte creativiteit, geproduceerd door een kunstenaar-entrepreneur wiens succes zonder investering is ontstaan en afstraalt op zijn omgeving om vervolgens toeristen en yuppies aan te trekken die de verpaupering op magische wijze doen verdwijnen. Het is weer te doordacht, teveel systeemdenken, de inzet van een professionele bohemien in een *bepaalde mate,* als een soort ingrediënt waardoor de stad als een recept in balans komt[34]. Een stad moet op cultureel gebied vooral wegkijken, hoogstens de infrastructuur verbeteren en een netwerk van bibliotheken moderniseren. In een hoogst originele analyse verbindt Mark Fisher dit gebrek aan echte culturele innovatie aan

[34] Inmiddels is deze dynamiek van cultureel kapitaal als wondermiddel voor de stad onder vuur komen te liggen. Frank Bures 'The Fall of the Creative Class' in *Thirty Two Magazine*, 15 juni 2012 is een scherpzinnige kritiek. http://thirtytwomag.com/2012/06/the-fall-of-thecreative-class/

een bepaalde omgang met tijd van creatieve enclaves die aan het verdwijnen is:

> Die ontwikkelingen creëerden de ruimte voor een type tijd dat tegenwoordig steeds moeilijker toegankelijk is: een tijd tijdelijk ontdaan van de druk om de huur of de hypotheek te betalen. Een experimentele tijd, waarin de resultaten van activiteiten niet kunnen worden voorspeld, noch gegarandeerd, een tijd die verspild zou kunnen zijn gebleken, maar toch tot nieuwe concepten, inzichten en menselijke condities kan leiden. Het is in dit soort tijd, niet in de gekwelde tijd van de ondernemer, waarin het nieuwe, het innovatieve ontstaat. Die vorm van tijd, waarin de collectieve geest zich kan ontplooien, laat ook de sociale verbeelding bloeien. Het neoliberale tijdperk – de tijd waarin, zoals ons herhaaldelijk werd verteld, *er geen alternatief was* – wordt gekenmerkt door een enorme achteruitgang van de sociale verbeelding, een onvermogen om zelfs maar andere manieren van werken, produceren en consumeren te bedenken.[35]

De geplande stad is een simulatie van creativiteit waar gegarandeerd geen hoogwaardige kunst zal verschijnen. Er is een ongemakkelijke spanning aan te wijzen in de culturele hotspots van de jaren zeventig – New York, Amsterdam, London, Berlijn — waar stedelijk verval een noodzakelijke voorwaarde is voor culturele innovatie. Aan de ene kant van praktische aard (goedkope woonruimte terwijl tegelijkertijd een financiële klasse blijft rondwaren gefascineerd door de glamour van de kunstenaar en aanverwanten), aan de andere kant esthetisch (een gevaarlijke, vrijere levensstijl). Waarschijnlijk waren deze steden een

---

[35] Mark Fisher, 'Tijdstrijd' in *Gonzo Circus* #110, juli/augustus 2012

historische anomalie die niet zal terugkeren, maar zonder twijfel is eenzelfde creativiteit niet te recreëren op de tekentafel.

De democratisering van creativiteit werkt echter op een ander niveau door. Met een grote groep creatieven die ook nog eens mondiaal is verbonden. Een netwerk dat eigenlijk te goed werkt. Dit resulteert in *overcodering*. Elk cultureel fenomeen is onderhevig aan overcodering vooral dankzij de steeds efficiëntere online netwerken. Een onderdeel van overcodering is de veel snellere ontdekking waardoor een soort sprinkhanenplaag zich op een vernieuwing stort en ontdoet van een bepaalde incubatietijd van mysterie en ontwikkeling. Daarnaast zorgt overcodering er met een ongekende snelheid voor dat culturele fenomenen worden geritualiseerd in rigide regeltjes. Mannenmode is een uitstekend voorbeeld van deze dynamiek. Een aantal jaar geleden ontstond een interesse in mannenmode die waarschijnlijk niet zo ongegeneerd was sinds de hoogtijdagen van mod[36]. Een opening was gecreëerd waarin mannen op even speelse als serieuze wijze zich bezighielden met kleding en stijl. Dat is een heel kort moment van ongedefinieerde vrijheid geweest voordat de informatie in netwerken is gaan circuleren, betekenis verkalkt in regels, de kritiek op de regels even verfrissend lijken en nog sneller verkalken en er een cyclus ontstaat rond een evenement (in dit geval Pitti Uomo in Florence) en een klein aantal mannen wordt aangemerkt als

[36] De moeilijk te definiëren Engelse subcultuur (afkorting voor modernist) die eind jaren vijftig, begin jaren zestig op zijn hoogtepunt was. En eind jaren zeventig natuurlijk een revival kende.

stijliconen die daadwerkelijk boven elke kritiek zijn verheven. Het eindresultaat is dat het potentieel voor vernieuwing wordt begraven onder codes. Een onmiskenbaar verlies vindt plaats, wellicht het belangrijkste verlies, dat van authentiek enthousiasme, het gevoel van onzekerheid wanneer een nieuw gebied wordt ontgonnen, het moment van vragen stellen.

Een klassiek probleem van revolutionaire bewegingen is dat na een revolutie machtstructuren terugkeren in een nieuwe gedaante. Uiteindelijk vinden geen wezenlijke oplossingen plaats. Een logische oplossing om deze dynamiek te doorbreken is de permanente revolutie zoals Mao de term gebruikte om de Culturele Revolutie van 1966 in werking te stellen (uiterst succesvol in zijn verspreiding, desastreus in zijn consequenties). Inherent aan het modernistische verlangen tot vernieuwing in creatieve gebieden is een zelfde behoefte aan permanente revolutie, die het uiteindelijk nooit kan vasthouden. We kennen de nostalgische verzuchtingen wanneer we aan onze favoriete bewegingen denken: waarom kon dat moment van vooruitgang dat oneindig leek niet langer duren? Hiermee zijn twee polen geschetst die zoiets als creatieve energie uitputten: de permanente revolutie duurt te lang om door zowel individuen als groepen te worden vastgehouden, overcodering gebruikt de creativiteit om zichzelf mee te begraven.

De komende jaren wachten er veel maatschappelijke problemen die op een of andere manier dienen te worden opgelost. Een onderbelicht probleem wordt gevormd door de vraag: wat doen wij met creativiteit? Want creativiteit als haast abstracte energie die wordt gekanaliseerd en omgevormd tot objecten is tegenwoordig problematisch. Om nog verder te ontleden: creativiteit als economische bezigheid is een probleem geworden. Het is een illusie om in de wervelstorm van retoriek en tegenstrijdige cijfers nog een betrouwbaar beeld te krijgen van de werkelijke staat van de creatieve industrie, om het maar voor het gemak een overkoepelende naam te geven. Het is echter moeilijk om het gevoel af te schudden dat hier hetzelfde geldt als voor de grote spelers op Internet: een geldstroom die richting een beperkt aantal grote spelers vloeit, waar een middengroep aan onder door gaat en de hoop is gericht op verkennende initiatieven op microniveau.

Over verdienmodellen in de toekomst kan men alleen maar speculeren. Op praktisch niveau liggen de mogelijkheden voor een alternatieve strategie, een opening, in het ambachtelijke. Kwaliteit. Het unieke. Dat wat niet zomaar gekopieerd kan worden. De anti-app. De app lijkt steeds meer op een *bubble*. Tot voor kort werd juichend het einde van het Internet voorspeld dat plaats moest maken voor het tijdperk van de app[37]. Ergens zou dit voordelen in zich dragen omdat het ons zou bevrijden van een hoop onzin en sommige taken (met name geografische functies) van websites zou overnemen. De signalen worden echter steeds sterker dat de app zelf over zijn hoogtepunt heen is[38]. Om diverse redenen zou dat een goede zaak zijn. Apps zijn Vance Packards *The Waste Makers* op het digitale toegepast, een briljante manier om de consumptiekick te bewerkstelligen met ingebouwde honger naar meer. De meeste apps zijn uiteindelijk vaak weggegooide bits, die verveeld worden vervangen door nieuwe. Het downloaden is de ware functie van de app, niet het gebruik. Het zijn in zichzelf gekeerde programma's, afgesloten werelden. Ironisch dan, dat Flipboard, een van de mooiste apps, juist de kanalen naar andere websites en informatie weer opengooit. De app-rush heeft ook iets pathetisch, een wanhopige drang om met een *slimmig* idee snel rijk te worden. Dat lijkt op zich nog een leuke gok maar het is pijnlijker wanneer je mensen hebt gezien die prachtige boeken maken opeens nerveus en kritiekloos spelletjesapps najagen omdat men denkt dat het hoort. De energie die erin wordt gestoken staat niet in verhouding tot het vluchtige karakter van iets dat binnen een paar dagen vergeten zal zijn. Alles wat vast is gaat op in lucht.

---

[37] Domeniek ter Heide, 'The App Internet in 2012: Defining the Death of the Web', *Gigaom*, 29 december 2011. http://gigaom.com/2011/12/29/the-app-Internet-in-2012-defining-the-death-of-the-web/

[38] Jason Pontin, 'Why Publishers Don't Like Apps', *MIT Technology Review*, 7 mei 2012. http://www.technologyreview.com/news/427785/why-publishers-dont-like-apps/

Al is het veel te vroeg om te juichen zijn berichten over bijvoorbeeld de terugkeer van vinylplaten een voorzichtig positief teken aan de wand[39]. Een bijna romantisch (tegenwoordig bijna synoniem voor naïeve sukkel) idee dat wat met liefde gemaakt is, dat wat kwaliteit uitstraalt, een investering waard is. Mooie objecten, elegante teksten, gezond voedsel, goed geprogrammeerde code, zorgvuldig gebouwde technologie (waaronder zelfs apps als App.net[40]). Duurzaam, uniek en zelfs een klein gebaar tegen de stroom van gratis in waar vreemd genoeg alleen de technologische multinationals rijker van worden terwijl de gebruikers het trage sloopwerk opknappen.

Dit idee heeft weerklank gevonden in wat de laatste jaren de Maker-cultuur is gaan heten. Deze open beweging (of moeten we zeggen, dit open netwerk?) is voornamelijk opgekomen rond de 3D-printer waarmee digitale ontwerpen in plastic kunnen worden opgebouwd (ook wel *rapid prototyping* genoemd.) De Maker-beweging heeft zonder twijfel een bepaald futurisme gecreëerd waar nieuwe visioenen over productie, ontwerp,

---

[39] J. Lewis, 'What Can We Learn From the Rebirth of Vinyl', *Policymic*, 4 mei 2012.
http://www.policymic.com/articles/7876/what-we-can-learn-from-the-rebirth-of-vinyl

[40] https://join.app.net/ een interessant initiatief van Dalton Caldwell dat probeert een alternatieve weg te vinden tussen inkomsten door advertenties en gratis diensten door inleveren van privacy. Het geeft de hedendaagse situatie goed weer dat het opzetten van een goedontwikkelde betaalde dienst bijna idealistisch overkomt en vrijwel gedoemd is tot mislukken.

economie floreren[41]. Op het gebied van conceptualisatie en creativiteit is de beweging zeer hoopvol, het zet dingen in beweging. De gevolgen kunnen op economisch gebied direct interessant zijn: fysieke opslagruimte verliest aan belang want objecten worden bijna altijd op aanvraag geprint en niet per definitie door de ontwerper. Productie hoeft niet meer naar lagelonenlanden te worden weggesluisd om aan winstverwachtingen te blijven voldoen. Het is radicaal DIY met nadruk op techniek en praktische creativiteit. Met de opkomst van *hackerspaces*, fysieke ruimtes waar ontwerpers, gebruikers elkaar kunnen ontmoeten en bijvoorbeeld gebruik kunnen maken van technische faciliteiten, ontstaat een inbedding van creativiteit en productie op kleinere, lokale schaal, waarbij een van de grote zwaktes van Internet, het gebrek aan tastbare sociale interactie, wordt tenietgedaan. Omdat de Maker-netwerken weinig sympathie voelen voor traditionele bedrijven met hun logge hiërarchie, overwaardering van de manager ten opzichte van de technicus en fundamentalistisch geloof in copyright en achterhaalde arbeidstijden, neigt men naar *open source* oplossingen die innovatie stimuleren. De Maker-cultuur wordt in die zin een verdere ontwikkeling van de eerder besproken idealistische dromen van *open source* en het hoeft niet te verwonderen dat sommige al

---

[41] Cory Doctorow – *Makers* (2009), vanzelfsprekend gratis te downloaden op http://craphound.com/makers/download/ is een intrigerende bijna-aan-de-horizon sciencefiction novelle over de voor- en tegenspoed van de nieuwe Maker-economie.

spreken van een aanstaande *anarconomy* wanneer 3D-printers is staat zullen zijn om hardware – computers en printers zelf – te produceren[42].

De belangrijkste tegenwerping die men op het moment kan formuleren is of we werkelijk zitten te wachten op meer plastic objecten? Vanzelfsprekend heeft 3D-printing zich al bewezen op medisch gebied, in mode en als efficiënte vervanger van machineonderdelen. Maar het is vooralsnog onduidelijk wat de ratio is tussen vernieuwende objecten en nutteloze troep. Een bijkomend voordeel kan echter zijn dat het recyclen van plastic opeens rendabel gaat worden en het bijvoorbeeld wel mogelijk zal zijn om de obscene Zee van Plastic in de Stille Oceaan te laten verdwijnen. Daarnaast probeert men te experimenteren met alternatieve materialen waarmee de mogelijkheden van 3D-printers werkelijk tot onontgonnen gebieden zullen leiden. De Makers met hun dromen van een nieuwe Industriële Revolutie vormen hoe dan ook een cultuur waar de gewichten van fatalisme, begrenzing en nostalgie eindelijk worden afgegooid. De vraag is hoe lang de schaduwen zijn die haar bloei kunnen tegenwerken?

---

[42] Klaus Æ. Mogensen & Katrine K. Pedersen - *Modkultur – fra undergrund til bundlinje* (2011) voor samenvatting: http://www.scenariomagazine.com/countercultures-of-the-future/

ECONOMIE EN PARANOIA

DROMEN DIGITALE DUBBELGANGERS VAN VERLOREN CONNECTIES?

I say paranoia is an atavistic sense. It's a lingering sense, that we had long ago, when we were – our ancestors were – very vulnerable to predators, and this sense tells them they're being watched. And they're being watched probably by something that's going to get them…and often my characters have this feeling.

Philip K. Dick (1974)

Nu sommigen van ons minstens vijftien jaar lang, dagelijks, al dan niet bewust, informatie achterlaten op Internet is het interessant om af te vragen welk beeld zou ontstaan als je al die informatie zou kunnen verzamelen en koppelen? Zou het zoiets als een digitaal spiegelbeeld vormen? Een blik in de eigen ziel, of, voor de minder metafysisch ingestelde onder ons, persoonlijkheid? Het is onmogelijk om werkelijk het complete online-leven te spiegelen maar de sporen die we achterlaten – onbewust doordat servers IP-adressen opslaan, ons klikgedrag op websites verwerken voor verder gebruik of bewust omdat we een masker vormen met informatie om zo sociale netwerken te betreden – zijn genoeg om zoiets als een digitale dubbelganger te vormen. Wat zijn eigenlijk de consequenties van het scheppen van een dergelijke dubbelganger? En is er nog een alternatief?

Tot de onthullingen van Edward Snowden werd over het algemeen luchtig gedaan over online privacy. Technologie waar men zich geen zorgen over hoeft te maken? Dat zal menig sciencefictionlezer minstens doen fronsen. Immers, een van de cruciale termen die sciencefiction heeft gelanceerd, "Big Brother" (George Orwell in *1984*) combineert technologie en het totale gebrek aan privacy. Sinds Orwell heeft sciencefiction menig dystopie geproduceerd en het verlangen naar totale zichtbaarheid, de vernietiging van privacy, is een van de hoekstenen van zulke maatschappijen.

1984 is zo succesvol geweest dat de vorm van totalitarisme die het boek bekritiseert waarschijnlijk niet meer in diezelfde vorm zal terugkeren. Een meer ambivalente variant die overeenkomsten kent met de huidige maatschappij is te vinden in *A Scanner Darkly* (1977) van Philip K. Dick. In velerlei opzichten een vreemd en vervreemdend boek (redelijk getrouw verfilmd door Richard Linklater in 2006.) Zoals we zullen zien keren veel van Dicks obsessies er in terug maar het is ook een boek dat verschilt van zijn klassiek geworden jaren zestig werk. Zo speelt *A Scanner Darkly* zich nog af in de toekomst (die voor ons al weer is gepasseerd, namelijk het jaar 1994) maar het is een nabije, herkenbare toekomst. De plaats van handeling is een grauw, depressief Californië, dat qua sfeer weinig verschilt van de naargeestige jaren zeventig. In een televisie-interview tijdens het *Festival du livre science fiction* (september 1977) plaatste Dick het boek in een periode van desillusie na het optimisme van de jaren zestig. In persoonlijk opzicht was deze periode het resultaat van de schaduwkanten van de drugsscene waar hij tijdelijk in belandde en die hem een paar jaar van het schrijven afhielden, op een breder niveau de paranoia veroorzaakt door het Nixon-regime. In *A Scanner Darkly* lopen geen androïden meer rond, vliegen ruimteschepen niet naar Alpha Centauri. Mensen rijden nog gewoon in auto's en de enige echte toekomsttechnologieën zijn de drug Substance D en de pakken waarmee undercoveragenten hun identiteit verhullen wanneer ze op het politiebureau hun taken verrichten.

A Scanner Darkly combineert op unieke wijze drugs, surveillancetechnologie en het motief van de dubbelganger. Undercoveragent Fred leeft als drugsdealer Bob Arctor met een losse groep vrienden in een huis. Langzamerhand raakt hij verslaafd aan Substance D een drug die als bijeffect de hersens van de gebruiker als het ware in tweeën splitst. Fred raakt de grip op de realiteit kwijt en kan steeds slechter het onderscheid maken tussen Arctor en zichzelf. Zelfs wanneer hij camera's laat installeren in zijn eigen huis helpt dit niet om de rollen duidelijk gescheiden te houden. Fred observeert zichzelf steeds meer als ander. Het klassiek literaire motief van de dubbelganger in o.a. E.T.A. Hoffmann, Dostojevski en Edgar Allan Poe speelt met angsten van een overname van het leven door de dubbelganger of voor kwaadaardig gedrag waarmee de dubbelganger het originele ik in problemen brengt. In *A Scanner Darkly* neemt de dubbelganger inderdaad het leven over van Fred maar hij voelt nauwelijks angst voor dit proces. Er is geen kwaadaardige intentie in Arctor, los van een mogelijk onderbewuste wens om Fred over te nemen.

Uiteindelijk zal het weinig uitmaken, Arctor neemt over maar belandt afgebrand in een kliniek voor verslaafden, gebruikt door een andere undercovercollega om als een veredeld instrument te fungeren (de kliniek kweekt de planten waarmee Substance D wordt gemaakt en produceert de verslaafden die zij tracht te helen en op de velden aan het werk zet. Niemand wordt in deze *War On Drugs* gespaard.) Deze instrumentalisering van de mens is in het wereldbeeld van Dick het grootste kwaad: Fred is een androïde geworden, de mens die niet voelt.

Het voorspellend vermogen van sciencefiction is altijd dubieus geweest. We kunnen *A Scanner Darkly* niet direct neerleggen naast het idee van de digitale dubbelganger en vervolgens de punten aanwijzen “daar ligt dat gevaar”, “dit is een waarschuwing geweest”. Een doorsnee Hollywood-thriller als *The Net* (1995) vertaalt effectiever het klassieke motief van de dubbelganger naar het digitale tijdperk met behulp van een soort *worst case scenario* waarin elke informatie tegen je gebruikt kan worden, de dubbelganger die je leven laat ontsporen. Nee, *A Scanner Darkly* herbergt een vrij uniek gevoel van onbehagen over de persoon die *zichzelf* surveilleert. De digitale dubbelganger is niet zozeer een naïeve verzameling informatie die, als in Kafka, op willekeurig wijze wordt doorzocht. Dat scenario behoort altijd tot de mogelijkheden, maar er is uiteindelijk geen politieapparaat in staat om al die informatie daadwerkelijk te verwerken.

Digitale surveillance moet altijd in de gaten worden gehouden omdat overheden uit principe niet zoveel hoeven te weten. Reden genoeg om als burger af en toe wat tegenstrijdige informatie te laten slingeren, jezelf aan te leren door online schaduwen te manoeuvreren en de eigen computer als extensie van het zelf af te schermen. Van directer belang voor de meesten van ons is de zelfdisciplinering die de omgang met digitale informatie oplegt. De laatste jaren zijn grote groepen mensen op allerlei manieren bezig om moedwillig een dubbelganger te creëren. Of eigenlijk twee dubbelgangers: een digitaal persona opgebouwd uit zelf gekozen informatie van foto's, voorkeuren, cv's, meningen en een tweede *geest* van handelingen en bewegingen op Internet (de zo kostbaar geachte sporen van consumptie waarmee bedrijven hun aanbod kunnen personaliseren.) Het wordt tot een "verplichting" om jezelf te verkopen met de dubbelganger, of het nu op de arbeidsmarkt of in de relatiearena is. De dubbelganger is onderdeel van een pakket zelfdisciplinering dat bestaat uit gezond leven, sporten, kennis van eten, een goed functionerend seksleven.

De nieuwe regels van het goede leven zijn niet zonder positieve kanten, want het is een proces van zelfschepping, een eclectisch spel met de identiteit. Tenzij men nog gevoelig is voor concepten als authenticiteit, metafysica, de ziel. Existentiële twijfels over wie deze dubbelganger is: een schreeuwerige, geperfectioneerde variant die vals aanvoelt en waar men in sociale interacties onmogelijk aan kan voldoen. Veel van de boeken van Dick gaan over het onbehagen wanneer men in het dagelijkse leven de grip op technologie, sociale relaties en uiteindelijke de realiteit kwijtraakt. Tot de komst van Edward Snowden was het eenvoudiger het duistere potentieel te bagatelliseren. Het was al duidelijk dat de kafkaëske incidenten die om de zoveel tijd plaatsvinden wanneer een openbaar ministerie te gretig een veroordeling zoekt, of online pesten, op willekeurige wijze kunnen toeslaan en levens verwoesten. Snowdens onthullingen hebben een onbehagen mainstream gemaakt dat bij sommigen al sinds de begindagen van Internet was gaan dagen en diepere implicaties kent, namelijk dat iedereen in de toekomst schuldig kan worden bevonden, elke dubbelganger potentieel in de schaduwen getrokken. Het onzichtbare –of onbewuste, het oppervlakkige— wordt plotseling echt, dat wat je werkelijk bent en verantwoording voor dient af te leggen.

De meesten van ons zullen doorleven zonder meer dan een incidentele glimp van de dubbelganger op te vangen. Zoals angst over het mogelijk kennen van een dieper zelf vrijwel afwezig is, omdat we gewoon "zijn wie we zijn" of het zelf accepteren als een web dat alleen nog maar oppervlakte is, gesponnen met een continue conversatie van connecties. Of zijn er mensen die hopen dat hun Facebook handelingen als geheel een helder beeld geven van zichzelf? Het echte zelf.

Dus wie heeft nog echt drugs nodig? De koude extase van informatie maakt ons al wazig genoeg gezien de steeds vaker terugkerende klachten over korte concentratiespannen resulterend in een existentiële onrust. De logische oplossing krijgt dan vaak de vorm van een vernieuwde versie van *dropping out.*
Sciencefictionschrijver Bruce Sterling presenteerde in 2009 tijdens zijn traditionele presentatie op het SXSW festival een visie en uitweg die vruchtbaar lijkt. Sterling sprak over de nieuwe tekens van armoede als de afhankelijkheid van connecties, in het bijzonder digitale connecties. Mensen zonder betere opties worden gedreven door hun connecties en zou je kunnen toevoegen *worden* hun connecties. Volgens Sterling vormt een hoge mate van financiële onafhankelijkheid, bij voorkeur in combinatie met een sterke persoonlijkheid, een manier om de hectiek van een online leven te verlaten. De digitale dubbelganger vervaagt offline waar men een teruggetrokken leven cultiveert en tastbare zaken

terugkeren die leken te zijn opgelost in het scherm: vrienden, boeken, wijn, schilderijen, vinyl. In zekere zin een toekomst via een stap terug naar de negentiende eeuw. Niet een compleet antitechnologische levensstijl, boeken zijn ook kopieën die door een machine worden gemaakt, maar het zijn objecten die rust vereisen. Vooralsnog geen populaire keuze, maar het wordt de komende jaren interessant om te zien hoe men omgaat met de druk van constante informatie, de paranoia veroorzaakt door mogelijke gemiste kansen en het knagende gevoel dat het niet lang zal duren of de dag breekt aan dat we onszelf tegenkomen op Internet.

HET MACHTELOZE INDIVIDU

Apocalypse is now a long-running serial: not "Apocalypse Now" but "Apocalypse From Now On." Apocalypse has become an event that is happening and not happening. It may be that some of the most feared events, like those involving the irreparable ruin of the environment, have already happened. But we don't know it yet, because the standards have changed. Or because we do not have the right indices for measuring the catastrophe. Or simply because this is a catastrophe in slow motion.

Susan Sontag – *AIDS and its metaphors*

We leven in een catastrofale tijd. Deze observatie is in verschillende vormen zo vaak geplaatst dat het lijkt alsof we er hierdoor juist ongevoelig voor zijn geworden. Hoe rustig blijven we er onder. Geloven we de moderne Cassandra's niet of hebben we ons lot geaccepteerd omdat we sinds onze jeugd hebben geleerd dat we geen kans maken? Ook al is de dreiging van een atoomoorlog vrijwel uit ons bewustzijn verdwenen, we houden nog steeds de ecologische catastrofe over als grootschalig probleem dat ons allemaal bedreigd. Dit zou gezien kunnen worden als een grensoverschrijdende uitdaging waar we vol goede moed en eensgezind aan kunnen werken, ware het niet dat we op andere maatschappelijke niveaus worden afgeleid.

De jaren negentig van de vorige eeuw zullen de geschiedenis ingaan als een *belle epoque*. Ondanks een aantal economische crises (Zuid-Oost Azië 1997, de ESM crisis van 1992) zal het beeld ontstaan van een moment van vrijheid en technologisch optimisme, dat gecombineerd werd met de opkomst van Internet. De complete cultuur leek in beweging en de Europese eenwording zou niet alleen vergaande welvarendheid brengen maar ook een einde aan oorlog op het continent. Langzaamaan begint het te dagen dat die tijd niet meer zal terugkeren, laat staan die mythische jaren vijftig van de vorige eeuw. Het idee ontstaat dat we in postnormale tijden leven. Die term gelanceerd door Ziauddin Sardar weet de tijdgeest redelijk accuraat samen te vatten:

We live in an in-between period where old orthodoxies are dying, new ones have yet to be born, and very few things seem to make sense. Ours is a transitional age, a time without the confidence that we can return to any past we have known and with no confidence in any path to a desirable, attainable or sustainable future. It is a time when all choices seem perilous, likely to lead to ruin, if not entirely over the edge of the abyss. In our time it is possible to dream all dreams of visionary futures but almost impossible to believe we have the capability or commitment to make any of them a reality. We live in a state of flux beset by indecision: what is for the best, which is worse? We are disempowered by the risks, cowed into timidity by fear of the choices we might be inclined or persuaded to contemplate.[43]

Een van de weggevallen pijlers is economisch vertrouwen. Het is onnodig om te herhalen hoe we in deze situatie zijn beland, het is ons op talloze manieren en in details verteld. Achteraf. Duidelijk is dat het abstracte karakter van de economie is doorgeschoten. Het heeft welhaast de complexiteit van de supersnaartheorie gekregen, een wereld van cijfers die nog lastig met woorden kan worden benaderd. Totaal los geraakt van de dagelijkse realiteit en toch van essentiële invloed op diezelfde realiteit.

Tegelijkertijd is alles doordrongen van het economische denken, kunnen, ondanks talloze waarschuwingen uit het verleden, wetenschap en cultuur niet meer als onafhankelijke domeinen functioneren. In die zin krijgt de "gratis cultuur" van Internet de vorm van een belediging en is het misschien een van de onderliggende redenen waarom er soms een zekere tegenculturele waarde aan wordt toebedeeld. Dit economisch totalitarisme is misschien meer tastbaar dan in het verleden, het is ook al lange tijd in de maak (en bekritiseerd). Wat nieuw voelt, wat postnormaal maakt, is het gevoel van richtingloosheid. De realiteit zit vol schokdempers die innovatie en alternatieven op bijna alle niveaus

[43] Ziaddin Sardar, 'Welcome to postnormal times', *Futures* 42, 5 juni 2010 http://ziauddinsardar.com/2011/03/welcome-to-postnormal-times/

opvangen. De ondoordringbare abstractie van de macro-economie, de obsessieve regelgeving van overheden, de infantilisering van reguliere media onder druk van commercie, politiek gekaapt door de angst voor de peiling, het weeft zich tot een collectieve dwangbuis. Het individu voelt zich buitenspel gezet, machteloos voorbij de horizon van zijn directe consumptiekeuzes.

Pessimistisch? Het is maar de helft van het verhaal. Want is bovenstaande situatie negatief voor het individu, dat vreemd genoeg steeds moet aanhoren hoe de hedendaagse spirituele crisis een resultaat is van te ver doorgevoerd individualisme, voor de zekerheid dreigt hij te worden onderworpen aan een excessief controlesysteem. Excessief omdat het werkt met twee mechanismen. Het eerste is zelfdiscipline, het tweede is surveillance. Er is even een moment geweest waar men dacht dat het proces van zelfdiscipline zo succesvol was dat controle door surveillance zijn langste tijd had gekend. Normalisering door middel van een ideaal van het goede leven, van gezond eten, onderhoud van het lichaam door sport, constructie van de identiteit met consumptie, het idee dat het leerproces tijdens de carrière doorwerkt, dit alles vormt een zachte variant van discipline.

Waarom dan nog surveillance? Allereerst omdat niet iedereen de zelfdisciplinering aankan. Het normale leven vereist continue inspanning. Wie niet meekomt, kan nog enigszins getolereerd worden als een verschil, de ander zoals geprojecteerd met klassenidentificaties als lelijke kleding, een ongezond dieet en gewoontes of te lage opleiding. Maar het beeld, het streven van een goed leven blijft bestaan, ook voor wie het niet kan bereiken – en die groep wordt mondiaal steeds groter. In die zin bestaat surveillance in eerste instantie als bescherming van bezit: *binnen* een samenleving om diefstal te voorkomen en sinds ongeveer dertig jaar *buiten* de samenleving, dat wil zeggen het inperken van immigratie.

Een lichte variant van deze mechanismen is vrijwel noodzakelijk totdat welvaart zich op een mondiaal niveau weet te verspreiden (wat natuurlijk steeds onwaarschijnlijker wordt). In Europa werd bovendien met het Schengen-akkoord de naar buiten toe gekeerde surveillance zo weids geworpen dat het voor een groot deel onzichtbaar is. Maar blijkbaar was dit niet genoeg en hebben de disciplineringsmechanismen zich gestort op de computer. In 1984, ver voor de opkomst van het huidige Internet zag Mark Poster de consequenties van deze overgang in:

When the Panopticon was introduced in the early nineteenth century the bureaucracy and the computer had not yet been invented. Foucault does not mention that they both foster the principles of disciplinary control. Indeed they expand its scope to a new level. With the mechanisms of information processing (the bureaucracy using people; the computer using machines), the ability to monitor behavior is extended considerably. The techniques of discipline no longer need rely on methods of regulating bodies in space as Foucault thinks. In the electronic age, spatial limitations are bypassed as restraints on the controlling hierarchies. All that is needed are traces of behavior; credit card activity, traffic tickets, telephone bills, loan applications, welfare files, fingerprints, income transactions, library records, and so forth. On the basis of these traces, a computer can gather information that yields a surprisingly full picture of an individual's life. As a consequence, Panopticon monitoring extends not simply to massed groups but to the isolated individual. The normalized individual is not only the one at work, in an asylum, in jail, in school, in the military, as Foucault observes, but also the individual in his or her home, at play, in all the mundane activities of everyday life.[44]

Gedeeltelijk zijn deze nieuwe technieken van elektronische surveillance ontstaan als bureaucratisch gereedschap voor het efficiënter tegengaan van fraude, kortom om geldstromen van de overheid te stroomlijnen. Helaas hebben de terroristische aanslagen van de nieuwe eeuw die voorzichtige experimenten doen exploderen tot een paranoiamachine die zijn gelijke niet kent en het individu, dat al in de verdrukking was geraakt, uit elkaar trekt in bits die haar misschien niet compleet voorspelbaar dan toch, wanneer het noodzakelijk is, schuldig zal laten zijn.

Overheden zijn een verzamel- en controlepunt, de andere punten worden gevormd door technologiebedrijven die veel van het vuile werk opknappen om dat deel van privacy te vernietigen

---

[44] Mark Poster, *Foucault, Marxism & History: Mode of Production versus Mode of Information*, p.103, Polity Press 1984.

dat nog niet is geklaard door terroristische dreiging op te kloppen[45]. Zo ontstaat een conglomeratie van informatiestromen die het individu, wat zijn intenties ook zijn, bijvoorbeeld door het vrijwillige gebruik van zoekmachines en sociale media, machteloos maken:

Calling Facebook a big social experiment implies that the network opens up new possibilities for the service's users to change society, when in fact those opportunities rest with the site's administrators and the minions who can access the data trove. Rather than crack society open and make it open to experiment, it helps preserve existing social relations and make them more supple and instrumental for those who already are in power. This really shouldn't be news to anyone: Facebook is not an experiment; it's a jail.[46]

Voorvechters van privacy zijn lange tijd volkomen ten onrechte door een teleurstellend breed spectrum van de politiek afgedaan als wereldvreemd en door burgers afgescheept met de slogan "ik heb toch niks te verbergen." Hoe wrang is het dan dat de grootscheepse en effectieve protesten tegen het ACTA-verdrag

---

[45] De beruchte uitspraak van Eric Schmidt, CEO van Google, in gesprek met CNBC is treffend omdat het bedrijfsleven, privacy en terrorisme combineert: "If you have something that you don't want anyone to know, maybe you shouldn't be doing it in the first place, but if you really need that kind of privacy, the reality is that search engines including Google do retain this information for some time, and it's important, for example that we are all subject in the United States to the Patriot Act. It is possible that that information could be made available to the authorities."

[46] Rob Horning, 'Facebook as Experiment', *The New Inquiry*, 6 juli 2012. http://thenewinquiry.com/blogs/marginal-utility/facebook-as-experiment/

zo laat op gang zijn gekomen. Pas over een groot aantal jaren zal waarschijnlijk geduid kunnen worden waarom deze protesten juist op dat specifieke moment enthousiasme genereerde en succesvol zijn geweest (betere organisatie? Nieuwe allianties?)

De Olympische Spelen leken een tijdlang voorbestemd voor een bestaan als betekenisloos spektakel, een naïef ritueel dat maar wordt voortgezet omdat men het onmogelijk tot een einde kan brengen. De Spelen van Londen 2012 bewezen het tegendeel. Met een bizar gebrek aan beheersing zijn de Spelen een perfect symbool geworden voor de hedendaagse combinatie van doorgeslagen controle en commercie, een even kritiekloze als megalomane constructie van tekens die een wereldstad overneemt en waarvan men eigenlijk de inwoners het liefst zou deporteren.

Is het individu zo murw gebeukt of afgeleid dat ze dit alles gewillig over zich heen laat komen? Gelukkig niet. De langlopende antiglobalisatiebeweging en daaruit voortvloeiende Occupy en 15 de Mayo protesten proberen in ieder geval iets. Maar is zichtbaarheid van onvrede genoeg? Lacht men achter de spiegelramen van Wall Street de demonstranten niet gewoon uit? Of is dat al teveel energie en worden ze gewoon genegeerd. Wat blijft dan over? Een mediaspektakel, het onvermijdelijke ritueel met de oproerpolitie, de brute kracht van de meest vulgaire machtsbron even zichtbaar gemaakt.

De vraag is hoelang de conglomeratie van controle nog stand kan houden. Hoe catastrofaal moet een economie, hoe ver moet de verzorgingsstaat, of gewoonweg de staat, zijn uitgehold voordat digitale controle niet meer genoeg is en de extra laag zichtbare machtsoefening van politie en leger, steeds meer een paramilitaire synthese, nodig is? En is die vorm van macht niet achterhaald, met de uitholling van de staat zijn legitimering bijna kwijt? De huidige situatie die in Griekenland begon en in verschillende landen, om uiteenlopende redenen, navolging kreeg, is daarom fascinerend. Het vormt een laboratorium waar mogelijke scenario's voor de rest van de Westerse wereld worden uitgevoerd. Steeds sterker rijst het vermoeden dat de oproerpolitie op een gegeven moment nog zal weigeren demonstraties uit een te slaan[47]. Dit is een van openingen richting de toekomst.

[47] In de periode 2012-2013 leken een aantal incidenten dit scenario mogelijk te maken. Als de Griekse staat was ingestort, zou ook de politie uiteindelijk niet betaald worden en daarmee de belangrijkste reden wegnemen, anders dan een mogelijke autoritaire persoonlijkheid, voor het beheersen van menigten. De verkiezing van SYRIZIA begin 2015 zorgt voor een tijdelijke stopzetting van dit scenario. Maar het leidt ook tot een verplaatsing naar een nieuw niveau, je zou kunnen zeggen, naar de echte arena waar de neoliberale ideologie wordt geconfronteerd: de EU. Het is duidelijk dat als Griekenland stopt met een gedwongen en desastreus bezuinigingsbeleid, de gevolgen ingrijpend zullen zijn, alleen al omdat een mogelijk alternatief zichtbaar wordt, misschien zelfs levensvatbaar. Dit in tegenstelling tot de verzekering van politici dat er geen alternatief voor het neoliberale kapitalisme bestaat. Uiteraard wordt veel moeite gedaan om Griekenland te breken, voordat het voorbeeld navolging vindt.

DEEL 2: OPENINGEN

VOORBIJ RETRO

WAT ZOEKEN WIJ IN DE TOEKOMST?

The best way to predict the future is to invent it.

Alan Kay

Zoals veel termen en concepten is de toekomst, dankzij de explosieve groei van communicatie, overal aanwezig. Tegelijkertijd heeft het woord niet meer de opgewekte brille waarmee het, niet eens zo lang geleden, conversaties animeerde. Wanneer men over de toekomst spreekt, is het verleidelijk om te verdwalen in een Heideggeriaanse beschouwing over de perceptie van tijd en de manieren waarop wij de toekomst een plek geven in ons bewustzijn. Als introductie voor een constructief tweede deel, waarin we op zoek gaan naar manieren om aan de *cultuur* van het verleden te ontsnappen, is het echter praktischer om eerst naar het gebruik van de term *toekomst* te kijken. Waarom vinden wij – sommigen? – de toekomst belangrijk, niet als een betere toekomst voor de mensheid of onze kinderen, hoewel dit vrijwel altijd een fraai bijproduct is, maar de toekomst als culturele blik, een wens om energie expliciet te richten op wat komen gaat. Energie gevormd als gedachten en dromen, uitgewerkt in concepten en uiteindelijk verspreid in culturele artefacten – film, muziek, architectuur of mode.

In nostalgische tijden ontstaat niet alleen een verlangen naar de eenvoud van het verleden, maar wordt men tegelijkertijd bewust van de geschiedenis van de toekomst. Wanneer we er vanuit gaan dat we vastzitten in een moeras van atemporaliteit, ontstaat de interessante situatie dat men niet alleen geobsedeerd is met het verleden zoals geleefd in de jeugd, veilig dankzij zijn overzichtelijkheid en ontdaan van schaduwkanten, of juist het gouden tijdperk dat niet is geleefd en geïdealiseerd wordt (kortom retromania), maar ook veelal nostalgisch is over de toekomstbeelden uit het verleden. Retrofuturisme. Dit wil zeggen: een bovenmatige interesse voelen voor perioden uit de geschiedenis waar de toekomst een leidraad vormde, futuristische tijden waarin de conceptualisering van wat nog niet is de overhand heeft in de cultuur en een dwingende invloed heeft op de perceptie.

Legt men meer de nadruk op culturele vernieuwing, dan is het mogelijk om periodes toe te voegen waarin het collectieve tijdsbesef nog geen uitgesproken idee kende van de toekomst: het Athene van Perikles waarover classici lyrisch spreken, het Rome naar keuze (als Republiek of onder Augustus), de renaissance in zijn verschillende ontstaansbronnen, et cetera. Uiteindelijk komt men dan uit in een tijdperk waarin dit collectieve tijdsbesef, zo tegen het einde van de negentiende eeuw, ontstaat en met de moderniteit de twintigste eeuw binnentreedt. Deze eeuw, zoals gedetailleerd in kaart gebracht in Peter Watsons *Terrible Beauty*, is een wervelwind van vooruitgang op allerlei kennisterreinen geweest, waarvan we nu nog steeds de resultaten leven. Tegelijkertijd beginnen we ons af te vragen of deze wind niet langzaam is gaan liggen.

Met een langetermijnblik op de geschiedenis is een dergelijke afname eenvoudig te plaatsen en zal men minder snel geneigd zijn om *dit* moment als uitzonderlijk te karakteriseren. Het is zonder twijfel mogelijk om een geschiedenis te schrijven van "windstille perioden", voorlopers van retromania door de eeuwen heen, waarin het gevoel dat "het beste achter ons ligt" opbloeit. En het vermoeden bestaat dat, wanneer je een periode in detail bestudeert, hoogstwaarschijnlijk na elke futuristische hausse een bijwerking van nostalgie ziet verschijnen, bijna als een soort uitvergroting van de nostalgie die sommigen op individueel niveau plaagt wanneer men de puberteit binnentreedt en prompt de kindertijd begint te verheerlijken.

Binnen de twintigste eeuw zijn perioden aan te wijzen die cultureel pieken, eerst nog lokaal (Wenen en Parijs aan het begin van de eeuw), later op grotere schaal. De jaren zestig waren een wereldwijd fenomeen met diverse uitingsvormen en brandhaarden.

Wat bijvoorbeeld niet belet dat vrijwel direct rond 1970 in Parijs een retro-obsessie ontstaat voor Jugendstil[48]. Wanneer we streng naar de laatste hausse kijken, de periode 1988 – 2000, zijn veranderingen al aan te wijzen: minuscule retrobewegingen ontstaan binnen een overkoepelende futuristische cultuur en de sterke artiesten, met als lichtend voorbeeld Stereolab, weten hier een soort retrofuturistische synthese van te vormen. Waarschijnlijk kent elke periode dit soort terugkijkbewegingen, maar worden zij uiteindelijk onderworpen aan een *sterk verhaal* van vooruitgang.

Het roept de klassieke vraag op of men in het moment zelf, in het oog van de storm of juist tot stilstand gekomen in een culturele Sargassozee, grip kan krijgen op de periode waarin men leeft. Is het een decadent dal? Of juist een onverwacht moderne tijd die in nevelen wordt gehuld? En ligt men op de lange termijn niet gewoon “op koers”, blijft de toekomst het leven stug binnenvloeien? Een sceptische positie is aan te raden waarmee men totale stilstand afwijst, maar tegelijkertijd inziet dat bepaalde cultureel-technologische constellaties *op dit moment* zijn verzadigd en ten einde lopen. Deze situatie zou in wezen een creatieve moeten zijn, een periode van mogelijkheden, waarin men bepaalde structuren afwerpt. Waarom heeft men hier dan moeite mee? Enerzijds zijn we de structuren (bijvoorbeeld de culturele industrie) gewend en sluipt er een begrijpelijke angst rond in de

---

48 Mooi beschreven in *The Beautiful Fall* (2007) van Alicia Drake, de dubbelbiografie van Yves Saint-Laurent en Karl Lagerfeld.

vraag wat het zou moeten vervangen. Toch voelt men aan dat dezelfde structuren vastlopen en een onafwendbaar einde over zichzelf afroepen. Daarnaast is de retro-industrie, voor een groot gedeelte gebaseerd op het veilig stellen en oogsten van copyright, nog steeds commercieel te interessant om op te geven. Het is in die zin belangrijk om in gedachte te houden dat in het midden van de jaren negentig geen geïnstitutionaliseerde retrocultuur bestond: films vergeten, muziek onverkrijgbaar, de eerste retro-sneakers van Puma bijna uit wanhoop op de markt gebracht. Het verleden was stoffig, gefragmenteerd neergedaald in vlooienmarkten en tweedehands winkels, een domein van specialisten.

De huidige situatie is een lastige voor iemand die gefascineerd is door de toekomst. Want retromania is voor een groot gedeelte een onverwacht bijproduct van Internet. Zonder een wereldwijd platform als eBay waren objecten uit het verleden nooit zo bereikbaar geweest, zoals de kennis die deze objecten zo begerenswaardig maakt nooit zo uitgebreid had kunnen zijn zonder informatierijke blogs. Het is onderdeel van een van de grote taboes van onze tijd, de gedachte die we niet durven te accepteren, namelijk dat Internet, de grote toekomstmachine, negatieve bijeffecten kent.

De toekomst als positieve waarde is niet zonder meer onproblematisch. Dat begint al bij de term zelf. Want hoe gebruiken we het concept toekomst? De toekomst is een intrigerend half-metafysisch concept: dat wat niet is en we toch zullen zijn, maar nooit precies zoals we denken. Een ongrijpbaar concept dat op een bepaalde manier dient te worden gebruikt om werkbaar te kunnen zijn. Futurisme, de ideologie van de toekomst, is dan ook nog zelden puur. Een praktisch realisme wat betreft structurele status-quo's, de bijeffecten van technologische vooruitgang, twijfels over potentiële dehumanisering, is tegenwoordig in vrijwel elke toekomstblik verweven. De toekomst is hoe dan ook een verlangen. Zelf het negatieve futurisme, de dystopie, wordt gedreven door een verlangen om de duistere zijde van mens en maatschappij te laten opbloeien, een verlangen naar een nieuwe donkere middeleeuwen.

Wat drijft het verlangen naar de toekomst? Ongetwijfeld bestaat er een persoonlijkheidstype, de dromer, in sociologische termen de buitenstaander, dat een banneling van de tijd wenst te zijn, gedreven door al dan niet bewust opgezette fantasieën van een andere wereld. Een maatschappij, met andere kenmerken, andere omgangsvormen, een andere cultuur die beter is toegesneden op de eigen wensen. In die zin kent futurisme een dictatoriaal verlangen. In een zachte variant wil men de auteur van de toekomst zijn.

Deze individuele drijfveer zal vrijwel altijd handelen over een breder perspectief, een betere wereld dan de huidige. Futurisme is voor een deel een uiting van frustratie over de machteloosheid die men als individu voelt omtrent de huidige stand van zaken, een wensdroom over hoe het anders kan zijn (een wereld zonder bureaucratie, kleinzielige politici, onredelijke taboes, nationalisme, geweld, noem maar op – het is allemaal in sciencefiction uitgewerkt.) Futurisme in zijn kalme variant – de open blik van Buckminster Fuller – heeft iets weg van de kinderwens om zo snel mogelijk volwassen te willen worden. Het heden is chaotisch, op meerdere niveaus destructief, onproductief en door middel van rationele plannen is een betere wereld te vormen. Ongetwijfeld realiseert men zich dat verandering een langetermijnproces is, maar tegelijkertijd wenst men die betere wereld zelf te kunnen zien, hoopt men op een versnelling van de tijd.

De futurist die zich eerlijk afvraagt wat hij in de toekomst zoekt, zal uiteindelijk een vaag gedefinieerde, rechtvaardige wereld voor zoveel mogelijk mensen nastreven. Het vormt de voorzichtige balans tussen de toekomst als het ongeduldige dictaat van "het nieuwste nu!" en de leegte van de extreem lange termijn. De toekomstbeleving die Simon Reynolds beschrijft is een sensatie die verdacht lijkt op een drug[49] *en* op het moment van verschijnen zelf moet plaatsvinden. Terwijl genoeg futuristische pijlers uit het verleden voorhanden zijn die nog steeds door het individu kunnen

---

[49] "This sensation is electric but impersonal; it's about new forms, not faces; it's a much purer, harder hit. It's the same scary—euphoric rush that the best science fiction gives: the vertigo of limitlessness." *Retromania*, p.428

worden ontdekt en ontgonnen[50]. Aan het andere uiterste wacht het kosmisch nihilisme, de wetenschap dat wat men als mensheid ook doet, altijd de uitdovende zon zal wachten, veel later gevolgd door het uiteenvallen van het universum. Kortom alles, zelfs de reductie van gedrag tot het doorgeven van genetisch materiaal, is op de lange termijn volstrekt nutteloos. De toekomst kan haast niets anders zijn dan een streven om de absurditeit van het bestaan te accepteren en dragelijk te maken voor iedereen.

Futurisme is zonder uitzondering technologisch gedreven. Zelfs de meest pastorale toekomstvisioenen kennen groene technologieën die de natuur een handje helpen en vervuiling uitbannen. Futurisme is ook de ideologie van de technologische vooruitgang. Een vage, haast verborgen ideologie die door de jaren heen is ontdaan van zijn meer naïef utopische totaalideeën, ook al verschijnen er van tijd tot tijd nieuwe technologieën die in staat worden geacht het leven op elk niveau te veranderen (de PC, nanotechnologie, artificiële intelligentie). Eigenlijk is het nauwkeuriger om te spreken van een verzameling ideologieën over technologische vooruitgang, die de nog steeds doorploeterende negentiende-eeuwse ideologieën hebben vervangen, of er heel

---

50 Om muziek als voorbeeld te nemen: platen als *Bitches Brew* (1969), *Starsailor* (1971) of *NEU '75* (1975) zijn nog steeds niet "door de tijd ingehaald". Dit zijn verticale platen die nog door komende generaties ontdekt kunnen worden en vol futuristisch potentieel zitten. Het grote probleem van *Retromania* is dat het is geschreven vanuit het perspectief van de criticus of grootverbruiker die altijd op zoek is naar een nieuwe ervaring *om de nieuwe ervaring*.

soms een relatie mee aangaan en aanvullen (bijvoorbeeld een conservatisme dat, heel traag natuurlijk, dystopische motieven overneemt.) Futurisme heeft overduidelijk een politieke dimensie want men wil veranderingen in de maatschappij teweegbrengen. Als ideologie zal het echter nooit een plaats opeisen in de parlementaire democratie. Er zal geen toekomstpartij worden opgericht. Futuristische motieven worden soms worden opgepikt door politieke partijen, maar men zal geen politieke organisatie oprichten met een futuristisch manifest. Futuristen zijn waarschijnlijk zelfbewust genoeg om te weten dat een op futuristische principes geënte partij gebukt zal gaan onder connotaties als dromerigheid, fantasten, onrealistisch, et cetera. Dit toont als denkexperiment al direct aan dat de parlementaire democratie structureel een conservatief instituut is. Ongeacht coalitie of partij is het gericht op controle, afremmen, consensus. Dit interesseert de futurist wezenlijk niet.

De toekomst-in-wording wordt bij voorkeur gevangen in esthetische termen en objecten. Op deze manier vormt het een handig laboratorium van ideeën, een ongevaarlijke avant-garde die gemijnd kan worden voor mogelijke consumptieartikelen en politiek bruikbare concepten. De ruimterace tijdens de Koude Oorlog is van dit laatste het definitieve voorbeeld. Zonder de opgevoerde politieke spanning na de Tweede Wereldoorlog en daarbij behorende propaganda was de mens nog steeds niet op de maan geland. Sinds de Koude Oorlog heeft futurisme onmiskenbaar een hechte band met het militair-industrieel complex opgebouwd. Op esthetisch vlak was dit al aanwezig in het werk van de originele Futuristen met hun odes aan oorlog, machines en lawaai. Na de Eerste Wereldoorlog was de grap niet leuk meer, maar de esthetische relatie tussen futurisme en oorlog is intact gebleven. Een schaduwfuturisme waar de meer humanistische, positief ingestelde futurist een ongemakkelijk gevoel van krijgt.

Voor westerlingen die hun toekomstdromen in duigen zagen vallen na de oliecrisis en de toenemende verstrengeling van technologie en defensie wantrouwden, is het Japanse futurisme, dat zich na de Tweede Wereldoorlog ontpopte, een uitkomst gebleken. De idealisering van de oorlogsmachine was lange tijd populair in de klassieke sciencefiction waar ruimteoorlogen tot het standaardrepertoire hoorde. Een belangrijk motief van Japans futurisme heeft hier een essentieel idee aan toegevoegd, de gigantische vechtrobot (*mecha*), die op zijn beurt de Westerse sciencefictionesthetiek grotendeels is gaan beheersen dankzij alle op James Cameron (*Aliens*, *The Abyss*, *Terminator*, *Avatar*) voortbordurende films. Het resultaat is een fetisjering van de oorlogsmachine die in het werk van Cameron nog enigszins kritisch wordt benaderd. Niet zozeer de machines zelf, als wel de militaire wereldbeschouwing die steevast wordt neergezet als paranoïde, bekrompen en destructief. De aantrekkingskracht van Japans futurisme ligt echter in een negatie van technologie als instrument waarmee de natuur eenzijdig wordt onderworpen. Vooral anime heeft een shinto visie op technologie gepopulariseerd als onderdeel van de natuur, bij voorkeur in het bezit van een eigen geest. Een conceptueel raamwerk dat een bepaalde kalmte uitademt en goed is te gebruiken voor degenen die dromen van een groene technologie, een technologie in balans met de wereld.

Het is tegenwoordig lastig om een realistische toekomst voor te stellen die een radicale breuk vormt met het heden, uitgezonderd grote en onvoorspelbare ingrepen op het sociale als natuurrampen en plagen. Futurisme is in hoge mate geneutraliseerd en omgeleid in technologie-als-consumptie. De iPad als dat wat we altijd al verwachtten, de toekomst waar we recht op hadden. Maar het is ook onderdeel van een toekomst zonder inbedding, een valse vooruitgang. Consumptie en de consument verwachten vooruitgang terwijl paradoxaal de cultuur als geheel in hoge mate op het verleden is gefixeerd. Het lijkt een bijeffect van twee in eerste instantie complementaire tendensen: de *century of the self* die een groter zelfbewustzijn van het individu, ook ten opzichte van de geschiedenis, creëerde en uiteindelijk in de consumptiemaatschappij werd vertaald naar een eis van continu verandering. Afwezigheid van verandering voedt de angst dat het leven niet ten volste wordt geleefd. In een ouderwetse inter-blog discussie speculeert Simon Reynolds over de paradox van retromania in kapitalisme:

> Signs become detached from referents, signifiers from signs, styles unrooted from their modes of production.... yes, yes, absolutely.... but why does that imply and impel a *return to the archives*? Is it because the economic growth that characterises late capitalism is pseudo-growth, fallacious growth (finance, property -- speculative, unmoored from material production), and thus a mask for a society that has stalled in its tracks.... that has lost its generative capacity in terms of new forms?[51]

Kortom, een economie gericht op consumptie kan de fantasie niet meer prikkelen, het is een vals futurisme dat tot stilstand komt. De vraag hoe de toekomst er uit zal gaan zien genereert natuurlijk nog genoeg fantasie, maar is dat toereikend? Een van de effecten van de economische malaise en neoliberale theorie is dat de geldstromen richting financiële instellingen vloeien, in plaats van op grote schaal naar onderzoek worden doorgegeven (om ware innovatie te stimuleren). Onderzoek wordt bedrijfsmatig, een conservatieve vorm van *research & development* naar minuscule veranderingen van consumentengoederen die de economie draaiende moeten houden, maar steeds minder verleiden, al was het omdat de modale consument dankzij een bezuinigingsobsessie van overheden steeds minder te besteden

---

[51] Simon Reynolds http://retromaniabysimonreynolds.blogspot.nl/2013/02/aaron-at airport-through-trees-with.html, 20 februari 2013

heeft. In tegenstelling tot het einde van *Zabriskie Point* (1970) lijkt het economische systeem in *slow motion* te imploderen. Is wat revoluties en vooral staatsalternatieven nooit konden bewerkstelligen aanstaande, een neergang van kapitalisme door zijn eigen logica? In dit moment ligt in ieder geval de kans om futurisme los te koppelen van zowel staat als bedrijfsleven.

Rachel Armstrong heeft de belangrijke observatie gemaakt dat onze toekomstvisies in wezen gedetermineerd worden door wat we op dit moment weten. Het zijn niet meer dan projecties. Haar suggestie is dat nieuwe technologieën ontstaan door een proces van conversatie in plaats van planning:

So, the 'future' – as we have previously imagined it – does not exist as a 'thing' but can be a 'tool' for dealing with the unknown. In other words a 'flying car' is not a product with a sell-by date, but a conversation that we need to hold – and continue to need to have – about our transport systems. In other words, it is entirely appropriate that we may not yet have flying cars or ray guns because we've had conversations about transport and how to deal with emerging technologies for over a century, which have contributed to their considered evolution.[52]

Sciencefictionschrijvers realiseerden zich al een tijd geleden dat het verbeelden van een getrouwe toekomst complex is, de

---

[52] Rachel Armstrong, 'Where Did The Future Go?' 7 maart 2013. http://www.warrenellis.com/?p=14699

toekomst voorspellen onmogelijk. William Gibson heeft bijvoorbeeld herhaaldelijk gewezen op het gemis van de mobiele telefoon in *Neuromancer* (1984), een boek dat wat betreft veel andere aspecten van communicatie en computertechnologie zeer inspirerend is geweest. Het voorspellen of uittekenen van een complete wereld is lastig voor een persoon, maar noodzakelijk. Een van de eenvoudigste remedies tegen retromania is simpelweg meer verhalen te creëren over de toekomst. Niet enkel als verhalen in boeken, films, strips en muziek, gecodificeerd als deze zijn met genreconventies als plot, maar als een breder front aan verhalen: persoonlijke verhalen, politieke verhalen en populair-wetenschappelijke verhalen. Een stap terug doen naar toekomsten uit het verleden en deze met elkaar laten resoneren/converseren is een andere mogelijkheid. Tegenwoordig kan men door middel van technologie, informatie en opvoeding een eclectisch metamodernisme vormen, een persoonlijke lappendeken bestaand uit werken van Le Corbussier, Antonioni, Rothko, noem maar op. De cruciale vraag is: Wat doet men ermee? Maakt men hier een retro-schrijn van voor individuele dagdromen, of probeert men een continuüm op te zetten dat als een parallelle wereld van inspiratie kan gaan functioneren, waar retromania geen grip op heeft?

Het heeft zin om bepaalde artiesten in detail te bestuderen omdat ze op karakteristieke wijze niet worden meegesleurd in het proces van museumficatie. Een favoriet voorbeeld is Spacemen 3, vreemd genoeg in hun gloriedagen 1987-1990 vaak beschouwt als retro, want beïnvloed door MC5, Suicide en Sun Ra, maar nu op ondefinieerbare wijze nog steeds modern. Dit werd des te duidelijker gemaakt door een recente *teaser* van Dior Homme waarvoor de muziek van de groep werd gebruikt en inderdaad een intrigerende conversatie van kleding, architectuur en muziek veroorzaakte, die hypermodern aanvoelt[53]. Daarnaast is het interessant om je af te vragen of het modernistische potentieel niet grotendeels wordt veroorzaakt door de psychedelische blik die zo centraal staat in de muziek van Spacemen 3, de blik die verandering zoekt, grenzen veracht. Het is dan geen toeval dat het psychedelische moment juist tegenwoordig volstrekt afwezig is. De oneindige domeinen van het onderbewuste, de droom, de hallucinatie, zijn de zoveelste slachtoffers van kapitalistisch realisme. In een tijd geobsedeerd met de presentatie van het zelf en een denkbeeldig verleden, technologische vooruitgang gelijkgesteld aan minuscule veranderingen van gadgets, worden authentieke toekomstvisioenen, ook uit het verleden, als vanzelf radicaal. De geest begrenzen is per definitie een cultuur afsluiten.

---

[53] Dior Homme *Underpass* door Willy Vanderperre voor de zomercollectie van 2013.

HOE DE ANGST VOOR DE TOEKOMST TE GENEZEN?

Transience, then, the forcible abbreviation of man's relationships, is not merely a condition of the external world. It has its shadow within us as well. New discoveries, new technologies, new social arrangements in the external world erupt into our lives in the form of increased turnover rates—shorter and shorter relational durations. They force a faster and faster pace of daily life. They demand a new level of adaptability. And they set the stage for that potentially devastating social illness—future shock.

Alvin Toffler – *Future Shock*

Het is altijd mogelijk geweest om een sociale component in sciencefiction aan te wijzen. Want hoe "hard" een sciencefictionauteur ook is, technologieën zijn geen onafhankelijke entiteiten. Technologie is ingebed in een maatschappij, wordt gebruikt door mensen. Dit betekent dat er sociale structuren en omstandigheden bestaan die gunstig zijn voor het verschijnen van een technologie en tegelijkertijd dat technologie op haar beurt de maatschappij verandert. Een bekend voorbeeld wordt gegeven door Marcel Proust in *À la recherche du temps perdu*, wanneer hij schetst hoe de opkomst van de trein het besef en gebruik van tijd in de negentiende eeuw veranderde. Voor een technologisch-georiënteerd genre als sciencefiction betekent het simpelweg dat elke auteur een vorm van sociale fictie schrijft en een wereld in kaart brengt. Men kan hier meteen aan toevoegen dat de graad van beschrijving per auteur verschilt. Een wereld bouwen is een lastige verplichting waarmee elke schrijver zich moet bezighouden en het is moeilijk om hiervoor een standaard te formuleren. Sommige schrijvers bestoken de lezer met een overdaad aan details over rituelen, gebruiken, taal en kleding; bij anderen wordt de beschrijving bijna moeiteloos door het plot verweven, of is suggestie genoeg om de lezer het verbeeldende werk te laten doen.

Het vragen om een terugkeer van sociale fictie is eigenlijk vragen om een terugkeer van sciencefiction die er weer toe doet, een krachtige sciencefiction. Een sciencefiction die zowel de clichés afzweert waar het op teert en weer onderdeel wordt van een breed gedragen progressieve levensstijl. Het is geen toeval dat sciencefiction in Nederland in het begin van de jaren zeventig zijn grootste populariteit genoot[54]. Een interessante relatie. Nederland is zijn functie als gidsland sindsdien langzaam kwijtgeraakt, bovendien zijn levensstijlen veel diffuser geworden en daardoor minder een drager van politieke voorkeur. Om de politieke angel er enigszins uit te halen: in letterlijke zin zou je progressief moeten associëren met vooruitgang, een interesse in vooruitgang op allerlei terreinen. En hier ligt het werkelijke probleem: zijn wij nog geïnteresseerd in de toekomst? Of leven we in de beste wereld die we ons kunnen voorstellen?

Wanneer we naar de conventionele literatuur kijken moet men compleet het tegenovergestelde concluderen: technologie en de toekomst zijn volstrekt afwezig. Gezin, familiegeschiedenissen en het platteland overheersen, soms afgewisseld met historisch materiaal. Als een romanschrijver zich waagt aan de toekomst of sciencefictionmotieven of thema's toelaat, zal het vrijwel altijd ironisch zijn, zoals de onwaarschijnlijk slechte toekomsthoofdstukken in *Cloud Atlas* van David Mitchell[55]. We hoeven niet te verwachten dat een nieuwe Huxley of Orwell ons te hulp zal schieten. En dat moeten we ook niet willen, al was het omdat het weer het minderwaardigheidsgevoel van sommige sciencefictionlezers en –auteurs voedt. Literatuur is een van de

---

[54] Zelfs J.G. Ballards radicale *The Atrocity Exhibition* werd gewoon vertaald als *De Gruweltentoonstelling* (1971) en door de Bezige Bij uitgegeven in een vergelijkbare stijl als bijvoorbeeld *Turks Fruit.*

[55] Het was de bedoeling om *Cloud Atlas* in genrestijlen te schrijven maar Mitchell bewees hier eigenlijk alleen maar mee hoe moeilijk het is om slechte sciencefiction te schrijven.

onderdelen van onze cultuur waar op het moment, de door de Amerikaanse futurist Alvin Toffler verzonnen term, *future shock* het meest toepasselijk is. *Future shock* betekent het niet kunnen aanpassen aan of het afwijzen van sociale en technologische veranderingen. *Future shock* komt naast de veilige literatuur tegenwoordig tot uiting in sentimenteel nationalisme, vreemdelingenhaat, antifeminisme of valse wetenschap (bijvoorbeeld intelligent design of klimaatscepticisme).

Al is het mogelijk om de populariteit van alternatieve geschiedenissen en fantasy te zien als een onderdeel van *future shock* binnen sciencefiction, is het genre, en dit zou pas een zorgelijke ontwikkeling zijn, niet in de greep van retromania. Als er een vaandeldrager van futuristische sociale fictie is dan is het de onvermoeibare en immer nieuwsgierige Bruce Sterling. Mede-cyberpunkauteur William Gibson is misschien degene waar men zich tot wendt wanneer je de esthetiek en taal van technologie in de nabije toekomst wilt ervaren, Sterling is waarschijnlijk de meest avontuurlijke socioloog van onze tijd, die echter bij voorkeur fictie schrijft.(Futurist noemt men vermoedelijk een niet-academische socioloog die in technologie en de toekomst is geïnteresseerd.) Gevraagd naar de toekomst schijnt Sterling naar eigen zeggen te herhalen dat deze er in ieder geval als volgt uit zal zien: “oude mensen, in grote steden, die bang zijn voor de lucht."[56] Ziehier, de basis voor sociale fictie in de komende jaren, die je in ieder geval niet in de *future shock* literatuur zal tegenkomen.

Voor sciencefictionfans vormt dit in eerste instantie geen radicale vernieuwing, omdat het nog te weinig afstand neemt van het *Blade Runner* (1982) scenario dat de afgelopen drie decennia zo dwingend is geweest en waar de invloed ver buiten het genre was te voelen in mode, filosofie, film en architectuur. Toch is veroudering, de komst van de gerontocratie, een vrijwel onontgonnen terrein terwijl de manier waarop wij daar mee om zullen gaan als maatschappij niet alleen cruciaal is omdat het over iedereen gaat die op dit moment ongeveer 50 jaar of jonger is, maar ook interessante vragen en mogelijkheden oproept ten aanzien van de steeds verdergaande obsessie met jeugdigheid (Sterling heeft dit zelf gedeeltelijk beschreven in zijn magistrale *Holy Fire* uit 1996). Of wat te denken van de mogelijkheden bij het verlengen van de levensverwachting? Krijgen we er bijvoorbeeld een vierde levensfase bij? Welke relaties ontstaan er vervolgens tussen generaties? Hoe *ervaart* men een verlengd levenspad? De uitwerkingen van alleen die drie combinaties van factoren – vergaande milieuvervuiling, radicale urbanisatie en veroudering— zouden kunstenaars een tijdje zoet moeten houden. Zeker wanneer we verder fantaseren over de talloze variaties de zijn te

[56] Bijvoorbeeld in Bruce Sterling and Jon Lebkowsky: State of the World 2012 http://www.well.com/conf/inkwell.vue/topics/430/Bruce-Sterling-and-Jon-Lebkowsky-page01.html#post2

verzinnen op de gebieden van politiek, mode, vrije tijd, arbeid, architectuur, energie, seksualiteit, economie, alternatieve gemeenschappen en artificiële intelligentie (A.I.).

A.I. is wel langzaam uitgegroeid tot het centrale thema van sciencefiction. In zijn meest radicale versie mondt het uit in de *Singularity*[57], kort te omschrijven als: wat gebeurt er wanneer A.I. zo intelligent wordt dat het de mens voorbijstreeft en onafhankelijk gaat opereren? De *Singularity* is een controversieel idee. Uitgesproken voorstanders smachten met haast religieus verlangen naar het moment en zien er veel, zo niet alle, oplossingen in voor onze hedendaagse problemen en menselijke beperkingen. Tegenstanders voorspellen een rampscenario waar machines de mens uit de weg duwen. Sceptici zien het om uiteenlopende redenen niet een zo'n vaart lopen. Hoe dan ook, voor de sciencefictionauteur met een antenne voor het sociale is de *Singularity*, of alleen al een hypothetische aanloopfase, een vruchtbaar scenario. Alweer zijn talloze variaties te bedenken op een maatschappij waarin mens en intelligente technologieën naast elkaar leven. Neem alleen al dit: hoe communiceren ze met elkaar? Welke sociale status hebben beide levensvormen? Kan A.I. kunst produceren? Literatuur? Kan het liefde voelen? Een eigen taal creëren? Kent het zijn eigen neuroses? Wat betekenen intelligente machines voor bepaalde menselijke tekortkomingen, in het

[57] Ik gebruik in de tekst de Engelse variant van de term zoals geïntroduceerd in Vernor Vinge's 'Singularity' essay (1993). In het Nederlands wordt de term vooral gebruikt in de wiskunde en kosmologie.

bijzonder zijn gewelddadigheid en hang naar tribalisme? En vraag je vervolgens met deze vragen in het achterhoofd af: hoe ziet het leven in Apeldoorn er in 2075 uit?

Dat is op het moment moeilijk voor te stellen. Een reden is dat wat wij vooruitgang noemen de laatste decennia lijkt te zijn veranderd. Sciencefiction heeft in de twintigste eeuw de neiging gehad om de technologische versnelling te gebruiken voor zijn toekomstprojecties. Deze versnelling was in een periode van verspreiding van auto, televisie, computer en ruimtevaart indrukwekkend. We zijn de laatste twintig jaar afgeremd, en verstrikt geraakt in een periode van stilstand. Vanzelfsprekend helpen de korter wordende economische cycli, die op deze manier een bijna continue crisis vormen, niet. Wat deze indruk versterkt is het gevoel dat cultuur is gefragmenteerd en gereduceerd tot een permanent terugkijken, een continu herschikken van het verleden, waardoor het niet vreemd meer is om te stellen dat in veel opzichten mode, muziek en kunst in 2014 weinig lijken te verschillen van die van 1994. Voorheen liet een periode van twintig jaar op deze gebieden overduidelijke verschuivingen zien [58].

Wellicht zijn onze verwachtingen te hooggespannen of zijn we daadwerkelijk in een andere dynamiek terechtgekomen? Ergens zijn we ook haast onverschillig, bijna niet bewust van veranderingen, nemen we bepaalde sciencefictionachtige motieven

[58] Kurt Andersen, 'You Say You Want A Devolution?', *Vanitiy Fair*, januari 2012. http://www.vanityfair.com/style/2012/01/prisoners-of-style-201201

supersnel op (een zwarte Amerikaanse president, tabletcomputers, draadloos Internet maar ook de gevaren die ons latent bedreigen zoals overdadige surveillance, politiek extremisme of milieuvervuiling). In die zin kan men schrijvers ervan beschuldigen dat zij teveel zijn meegesleept in die onverschilligheid, ons te weinig laten zien waar we ons op het moment bevinden en wat dit betekent voor de rest van de eeuw. Bovengenoemde voorbeelden laten al zien dat er van werkelijke stilstand geen sprake is. Maar wellicht kunnen we dan spreken van zoiets als een negatieve vooruitgang? Een gevoel dat de dingen veranderen maar dat verandering niet zoals voorheen, in intentie, een betere wereld voortbrengt? Maskeert de onverschilligheid niet gewoon een angst voor de toekomst?

De mogelijkheden van sociale fictie zijn globaal in te delen in een korte termijn (ongeveer de komende 50 – 60 jaar) en een lange termijn waarbij de scheidslijn ongeveer loopt in het grijze gebied waar de *Singularity* zou moeten plaatsvinden. Steeds vaker wordt de *Singularity* genoemd als een voorwaarde voor het opzetten van een serieus ruimtevaartprogramma, dat wat ons leven daadwerkelijk radicaal zal openbreken[59]. Hoe verder in de toekomst hoe fantastischer de technologische claims worden en

[59] De laatste decennia is ruimtevaart voornamelijk voortgezet met gebruik van robots. De voor- en nadelen van robots of mensen in de ruimtevaart worden overzichtelijk geanalyseerd in 'Humans vs. Robots: Who Should Dominate Space Exploration?', Adam Mann in *Wired* 11 april 2012, http://www.wired.com/2012/04/space-humans-vs-robots/. In sciencefiction zijn vergaande posthumane ruimtevaartscenario's te vinden in onder andere *Schismatrix* (1985) van Bruce Sterling en *Accelerando* (1995) van Charles Stross.

hoe moeilijker het is om de complexiteit van een maatschappij daadwerkelijk voor te stellen. Wetenschappers en sciencefictionauteurs hebben zich de laatste jaren het hoofd gebroken over de vraag waarom onze saganesque missie om de kosmos te verkennen tot stilstand is gekomen en hoe deze weer in beweging is te krijgen. Steeds meer realiseert men zich dat alleen al het in de ruimte brengen van een man, de reis naar de maan (indrukwekkende, maar op kosmisch niveau minuscule, stappen voorwaarts) het uiterste hebben gevergd van fanatiek concurrerende natiestaten. Die ideologisch-economische assemblages zijn ingestort, de onderlinge dynamiek verloren om nooit meer op een zelfde manier terug te keren. Geen wonder dat het ontstane gat wordt opgevuld met een hypothetische technologische revolutie waarin een onafhankelijk opererende A.I. het initiatief neemt in de verkenning van de kosmos.

Een (bemande) missie naar Mars is om verschillende redenen noodzakelijk. Het dwingt de mensheid tot een technologische vooruitgang die naar buiten toe is gericht, in plaats van inwaarts zoals op het moment het geval is (communicatie door middel van computernetwerken als verkenning van *inner space*). De kracht van Kim Stanley Robinsons Mars-trilogie (1992 – 1996) ligt in het uitdenken van een geloofwaardig complex toekomstscenario dat "hard" is maar tegelijkertijd krioelt van de sociale ficties, wensdromen en nachtmerries. Mars is een leeg canvas waarop de mens zich als sociaal wezen opnieuw kan uitvinden. En dat zou Mars bovenal moeten zijn: een sociaal project (met allerlei aanverwante spirituele, filosofische, economische, wetenschappelijke dimensies.) In *Green Mars* (het derde deel) vindt dan de zogenaamde *accelerando* plaats, een versnelling in de ontwikkeling van technologie die de mens letterlijk verder zal brengen.

Sciencefiction voorbij het zonnestelsel wordt een wezenlijk andere vorm van sciencefiction. Tot die drempel kan men nog enigszins realistische projecties vormen. Voorbij dit punt lijkt sciencefiction als het ware terug te klappen, de sociale dimensie wordt overzichtelijker en de verhalen worden verkapte handelingen over de hedendaagse wereld. Ursula Le Guins *The Dispossessed* (1974), een van de grootste klassiekers van de sociale fictie, gaat in wezen niet over werelden in een verre toekomst, maar over de pertinente vraag wat anarchisme is, hoe een samenleving gebaseerd op alternatieve principes er uit ziet en hoe concurrerende samenlevingen daar weer mee om gaan. Want uiteindelijk is dat een van de taken en ligt daarin het plezier van sciencefiction: het laten zien dat een andere wereld wel degelijk mogelijk is. Sciencefiction is nog steeds het beste geneesmiddel tegen de angst voor de toekomst.

ANDERE LEVENSVORMEN

EEN NIEUWE PERCEPTIE?

Disneyland tells us that technology can give us more reality than nature can.

Umberto Eco – *Travels in Hyperreality*

Is het nog mogelijk om een avant-gardebeweging te lanceren? Met de verrassende opkomst van New Aesthetic kregen we een voorbeeld in de schoot geworpen om deze vraag in digitale tijden mee te beantwoorden. Wat is New Aesthetic? Op 6 mei 2011 postte schrijver/designer/programmeur James Bridle de gevleugelde woorden:

For a while now, I've been collecting images and things that seem to approach a new aesthetic of the future, which sounds more portentous than I mean. What I mean is that we've got frustrated with the NASA extropianism space-future, the failure of jetpacks, and we need to see the technologies we actually have with a new wonder. Consider this a mood-board for unknown products[60].

---

[60] James Bridle, 'The New Aesthetic', http://www.riglondon.com/blog/2011/05/06/the-new-aesthetic/

Op een Tumblr-blog met de naam The New Aesthetic[61] vervolgde Bridle zijn ontdekkingsreis langs gevonden beelden, korte films, illustraties en citaten (soms refererend aan de losgebarsten discussie over New Aesthetic.) Zonder commentaar, elk beeld een potentiële vertakking voor speculatie, fantasie, dromen of acties. Over de waarde van de esthetiek komen we later te spreken. Allereerst is het interessant om te zien hoe deze bescheiden nieuwsgierigheid naar een esthetiek van de toekomst werd ontvangen.

Wat opvalt, is dat Bridle's nieuwsgierigheid naar een ander *soort* toekomst bijna volkomen is genegeerd in alle reacties die volgden en zich vooral vermenigvuldigden na Bruce Sterlings lange en sympathieke essay over het nieuwe fenomeen[62]. *New Aesthetic, New Anxieties*, een analyse en kritiek die op vernieuwende wijze door verschillende auteurs in vijf dagen voor V2_The Institute for the Unstable Media vorm werd gegeven, omschrijft de ontvangst van de term goed:

The term New Aesthetic felt the full force of love and hate from a disparate crew of writers, media art theorists and practitioners, designers, object–oriented ontologists and curators in an out pouring of frenzied attention and criticism. Ironically even

61 http://new-aesthetic.tumblr.com/

62 Bruce Sterling 'An Essay on the New Aesthetic', *Wired*, 2 april 2012. http://www.wired.com/beyond_the_beyond/2012/04/an-essay-on-the-new-aesthetic/

ambivalent responses were well documented. Since its explosion online, many have relegated the phenomena of the New Aesthetic to the status of a 'non-event'[63].

De manier waarop men zich op New Aesthetic stortte leert ons twee dingen: wat de snelheid van informatie is, hoe en met welke snelheid in netwerken wordt ontleed, bekritiseerd, geanalyseerd en meegedacht. Daarnaast wijst het op een *verlangen* naar iets nieuws, een toekomst, een beweging[64]. De snelheid van informatie begint een onbehagelijk bijeffect te genereren. Het beste te omschrijven als: "New Aesthetic? Zo twee maanden geleden." Dit is een resultaat van overcodering. We verlangen een collectieve beweging voorwaarts maar rukken die in de kortste tijd uiteen. Op paradoxale wijze maakt een overdaad aan betekenis betekenisloos. In ongekend tempo treedt verzadiging op en in het proces van analyse is een zekere afstand te ontwaren, een twijfel om zich te binden aan een nieuwe beweging. Niet onterechte, omdat men zich er bewust van is dat een hype tijdelijk is en de eigen reputatie bij te sterke verbinding grote schade kan oplopen. In een tijd van obsessieve zelfpresentatie is ridiculisering een risico dat men niet kan nemen. Men weegt kortom de kansen af, geeft

---

[63] David M. Berry, Michel van Dartle, Michael Dieter, Michelle Kasprzak, Nat Muller, Rachel O'Reilly & José Luis de Vicente, *New Aesthetic, New Anxieties,* 2012, p.11 http://www.v2.nl/publishing/new-aesthetic-new-anxieties

[64] New Aesthetic kan zonder veel moeite worden ingedeeld als een populistische vertakking van het zogenaamde metamodernisme. Zie Timotheus Vermeulen & Robin van den Akker – 'Notes on metamodernism', *Journal of Aesthetics and Culture,* 2010

strategisch betekenis, laat zien dat het gezien is en wacht vervolgens af.

Bridle zelf leek zich bewust van deze processen en stopte precies na een jaar met The New Aesthetic Tumblr[65]. Voer voor speculatie: was deze beslissing geïmproviseerd en ingegeven door angst, of van te voren bedacht als een marketingstrategie? Hadden we hier te maken met een toevallig keuze van een term die aansloeg en groter werd dan de bedenker aankon? Of had Bridle met de voorbeelden zijn punt gemaakt en was er geen eer meer aan te behalen? Zijn keuze voor Tumblr is belangrijk omdat hier wordt gekozen voor een bescheiden presentatie van een (gespeeld? strategisch?) naïef modernisme, de kleine gebaren die zeggen: "dit lijkt mij interessant, ik weet nog niet precies wat ik er van moet vinden." Hiermee presenteerde New Aesthetic zich buiten het conventionele kunstdiscours waar het desondanks direct in werd getrokken.

In de kunstwereld lijkt men moeite te hebben met het woord *New*, dat teveel geassocieerd wordt met consumptie:

'New' is both trendy and trending, 'new' is youthful, 'new' surprises us, 'new' is the varnish elaborately used to shine up that what is already there, what has been lying around in the bottom of the drawer collecting dust and what no one paid attention to...until it becomes the latest 'new' thing. Perhaps 'new' is to modes of consumption what 'radical' has been to contemporary art over the past few decades. 'New' as a term in contemporary art is used

---

65 Ondanks een officiële afscheidsboodschap werd de blog op 20 augustus 2012 op achteloze wijze weer voortgezet.

sparingly however, as 'new' indicates a highly significant breaking point. In past decades contemporary art and art theory have tended to build more on palimpsestic models, which allow for a layering of conceptual and theoretical influences by predecessors and peers. Contemporary art therefore prefers to use the term 'turn', which is milder and allows for baggage to be included and schlepped along.[66]

In die zin doet de term New Aesthetic veel meer denken aan de populaire avant-garde van de jaren vijftig en zestig. La Nouvelle Vague (cinema), *New Worlds* (sciencefiction), The New Thing in jazz, waar platen zelfbewuste modernistische titels kregen toebedeeld als *The Shape of Jazz To Come*, *Tomorrow is the Question!* en *Point of Departure*. Een interessante spanning ontstaat waarin men bepaalde aannames kan ontwaren over wat van kunst en potentiële avant-gardes wordt verwacht. Kunst mag dus niet teveel de vorm van een consumptiegoed aannemen. De warholiaanse fase is waarschijnlijk met veel tandenknarsen uitgezeten. Tweemaal heeft het kunst gedegradeerd: in eerste instantie door consumptie en popcultuur als onderwerp te nemen en vervolgens is deze avant-garde zelf gepopulariseerd. Het wantrouwen voor een dubbele vulgarisering heeft geleid tot een nieuw kunstdiscours dat men afschermt met twee belangrijke retorische middelen: de eisen van politiek en theorie.

---

[66] Berry et al, *New Aesthetic, New Anxieties*, p.28

Het hoeft dus niet te verbazen dat New Aesthetic is bekritiseerd als apolitiek. Bridle zou teveel verleid zijn door de esthetiek van het digitale, zonder oog te hebben voor de sinistere lading van veel beelden, die als product van de surveillance-industrie of het leger een onderdrukkend potentieel in zich dragen[67]. Men kan zich afvragen of dit gemis niet moedwillig is op een soort "je weet toch?" manier. En inderdaad: we weten toch? De duistere betekenis van digitale technologie is geen mysterie. Surveillancebeelden zijn per definitie politiek, je hoeft haast niet meer te doen dan ze te combineren om politieke vragen te activeren. Eigenlijk mist men bij Bridle een politieke *wil*. Verzamelen en documenteren is niet genoeg. Een gemis dat kan worden opgevangen door theoretische bespiegelingen, een systematische laag van betekenis die in ieder geval antwoord probeert te geven op de vraag: wat betekent dit allemaal? Het is gezien het proces van overcodering maar de vraag of theorie aan de basis nog wel nodig is[68]. Heeft kunst per definitie theorie nodig? Is het een verplichting? Overschat het niet de rol van de theoreticus als meester-betekenisgever?

New Aesthetic maakt een heel ander probleem zichtbaar: de machteloosheid van kritiek. Want discours en kritiek zijn

---

[67] Ibid, p.13

[68] Bovendien is er onder andere door Greg Borenstein op gewezen dat New Aesthetic vrijwel moeiteloos kan aansluiten op de filosofische vraagstukken van Object-Orientated Ontology. Een korte introductie hiervan door Ian Bogost is te vinden op http://www.bogost.com/blog/what_is_objectoriented_ontolog.shtml

gegenereerd maar bevinden zich in een eigen domein, bevolkt door een theorie/kunst/computer-kaste van intelligente en creatieve individuen. Het weet echter niet uit dit domein te ontsnappen en heeft daardoor geen bredere consequenties. Zeker in vergelijking met bijvoorbeeld de waterval van betekenis die Tumblr veroorzaakt, een soort intuïtief weten dat onvoorspelbare connecties kan aangaan (al is dit ook uiteindelijk zonder daadwerkelijke consequenties, wie ontleedt met vrienden in een bar zijn Tumblr-feed?)

Bridle vervangt de rol van theoreticus door die van aangever. Zijn presentatie *Waving at the Machines* bestaat vooral uit een verzameling korte analyses van beelden die Bridle om diverse reden aantrekkelijk of interessant vindt en verder weigert te kaderen voorbij de volgende observatie:

> Technology wants to be like us, and we kind of want to be more like it. And we're going through a period now of incredible uncertainty and a huge ethical negotiation of how technology and us see the world and how that changes. But the essence is that we now live in a world that we share with the render ghosts, that we share with the technology, to some extent that we're building, but it to a huge extent is also shaping the way we behave. And the thing to bear in mind is that we want this. We want to live together with these new beings, this new form, this new culture[69].

[69] James Bridle, *Waving at the Machines*, Web Directions South, Sydney 19 oktober 2011.
http://www.webdirections.org/resources/james-bridle-waving-at-the-machines/

New Aesthetic is hier een suggestie dat de toekomst al is gearriveerd maar dat we hem niet hebben herkend (niet aan onze verwachtingen voldoet.) Wellicht is dit de grootste kracht van het concept, het schept een bewustzijn, een gevoeligheid voor onze relatie met technologie.

Een veel gebruikte retorische methode om enthousiasme voor een bepaalde vernieuwing te ontmantelen is quasivermoeid stellen dat het helemaal niet zo nieuw is. En inderdaad is het eenvoudig aan te tonen dat New Aesthetic niet plotseling is ontstaan. Het is echter mogelijk om op constructieve wijze deze observatie te plaatsen:

> The "New" part is deceptive, however. Most of what NA offers up for examination is not all that new. Technologies like machine vision and geo-location are old by most standards. What is new is their integration into our lives to the point where we are bringing them to bed. Smartphone habituees will think nothing of installing a sleep-tracking app and putting their phone on the mattress, where accelerometers will presumably make sage observations about your quality of sleep. This is the new Aesthetic—human behavior augmented by technology as often as it is disrupted[70].

Waar New Aesthetic om draait is de bewustwording dat de frequentie van digitale beelden in ons dagelijkse leven, opvallend hoog is. Ergens heeft een definitieve verandering plaatsgevonden

---

70 Marius Watz, 'The Problem with Perpetual Newness', 6 april 2012. http://www.thecreatorsproject.com/blog/in-response-to-bruce-sterlings-essay-on-the-new-aesthetic

die ongetwijfeld per individu, per leeftijdscategorie en opleidingsniveau verschilt. Het is instructief om willekeurige films als *Le Cercle Rouge* (1970) of *The Long Goodbye* (1973) weer eens te bekijken, omdat dit eindelijk vreemde werelden zijn geworden, technologisch armoedig, bijna wazig, waarin bepaalde gedragingen omslachtig lijken te zijn (let in het bijzonder op het gebruik van de telefoon.) New Aesthetic wijst ons daarmee op de leugen dat alles zich in de greep van retromania bevindt. De textuur van het alledaagse leven is wel degelijk in beweging.

In plaats van een klaroenstoot van het Nieuwe krijgt New Aesthetic op deze manier het karakter van een adempauze, waarbij men zich op de eerste plaats kan afvragen hoe we in deze situatie verzeild zijn geraakt. Het digitale kent zijn eigen terugkijken zonder verstrikt te raken in retromania. Op Tumblr vindt een continue archeologie plaats van de digitale esthetiek zoals deze in de afgelopen decennia in film is gepresenteerd, in games, in advertenties, soms nostalgisch, maar vaak vanuit een gevoel van verwondering over de eenvoudige schoonheid. New Aesthetic wordt met deze kennis niet een kortstondige hype maar een tijdelijke term voor een langetermijnproces, dat waarschijnlijk is begonnen met de release van *Pong* door Atari (1972), en waar men talloze artefacten aan kan toevoegen. Opvallend is hierbij dat muziek–enigszins ondergeschoven in New Aesthetic–veel pionierswerk heeft verricht: de achteloze manier waarop Kraftwerk op *Computerwelt* (1981) de consumptie-controle synthese van de informatiemaatschappij aankondigt, de acidhousevideo's van Stakker (Mark McClean and Colin Scott)[71], de (af)luisterpraktijken van ambientmuzikant Scanner, de glitch stroming in techno[72] en de obsessie met beveiligingscamera's die een tijdlang in jungle heerste[73].

De digitale oppervlakte, de flits van het nieuwe, dat wat we achteloos downloaden en weer weggooien, kent dus een verleden. Het doet je tegelijkertijd afvragen of het digitale domein de Grote Stap Voorwaarts gaat brengen en niet alle stukken al op het bord staan, om alleen nog in intensiteit en onderlinge connectie toe te nemen, zoals de nieuwe dystopieën *Black Mirror* en het jonge genre van de geconcentreerde online sciencefictionfilm steeds vaker lijken te suggereren[74]. New Aesthetic moet worden aangegrepen als denkruimte voor wat we willen met het digitale in ons leven. Als het een ding duidelijk maakt dan is het dat technologie een nieuw soort zichtbaarheid schept, een vermenigvuldiging van het individu in talloze avatars, informatieclusters, die voortleven in

---

[71] Zie in het bijzonder *The Evil Acid Baron Show* (1988) *Eurotechno* (1989) en *Stakker Humanoid* (1989)

[72] Het vroege werk van het Duitse Oval op albums als *Systemisch* (1993) *94 Diskont* (1994) is exemplarisch. De groep bewerkte bij voorkeur cd's met viltstiften waardoor een stotterend ritme ontstond, fouten die werden omarmd en onderdeel van de muziek werden gemaakt. Oval stond een kritiek voor op de digitalisering van muziek. Glitch werd al snel een acceptabele esthetiek met verreikende invloed in het werk van Aphex Twin, Autechre, Björk en Fennesz.

[73] *The Hidden Camera* van Photek uit 1996 is het sleutelwerk. Ook de hoes met schimmige beelden van een beveiligingscamera is puur New Aesthetic.

[74] *Black Mirror* (2011) en tweede serie (2012) door Charlie Brooker, uitgezonden door Channel 4. *Sight* (2012) door Eran May-raz & Daniel Lazo. De langlopende serie korte films *Future States* van ITVS.

machines waar men meestal niet het bestaan van kent. Nu is klaarblijkelijk het moment aangebroken om te beslissen hoe zichtbaar men wil zijn, hoe innig men technologie wil omarmen en desnoods af te vragen of een ander leven nog mogelijk is?

HET VERLANGEN NAAR MOLECULAIRE GEMEENSCHAPPEN

De kunstenaars hebben zich genoeg beziggehouden met hun individuele expressies en emoties. Het wordt tijd dat ze gaan inzien dat ze geen grond meer onder de voeten hebben, dat hun zogenaamde 'vernieuwingen', hun abstracte schilderkunst, hun experimentele poëzie, hun concrete muziek, zinloos blijven, zolang ze op zichzelf blijven staan. We kunnen weliswaar geen nieuwe stijl scheppen, maar wel duizend nieuwe stijlen, Dat is onze kracht, en daarop berust New-Babylon.

Constant – *New Babylon*

De roman *Pattern Recognition* (2003) van William Gibson draait hoofdzakelijk om de zoektocht naar de identiteit van "the Garage Kubrick", een mysterieuze filmer die ogenschijnlijk asynchrone filmfragmenten op Internet publiceert. Rond de fragmenten ontstaat een cultus die niet alleen leeft op de discussiegroepen van zogenaamde Footageheads:

The black woman, seeing her notice the little still, had nodded, recognizing a fellow follower, and Cayce had been rescued from inner darkness by this suggestion of just how many people might be following the footage, and just how oddly invisible a phenomenon that was. There are many more, now, in spite of a general and in her opinion welcome lack of attention from the major media.

Gibson, waarschijnlijk de meest visionaire sciencefictionschrijver van de afgelopen dertig jaar, is eindelijk gearriveerd op het punt waar de toekomst in het heden huist, waar je als lezer met enige tevredenheid durft te concluderen dat het, in tegenstelling tot het gevoel van stuurloosheid dat lijkt te overheersen, best wel spannend is om aan het begin van de 21ste eeuw te leven.

Eén van de voorheen uitgesproken thema's in het werk van Gibson is in *Pattern Recognition* verworden tot subtiele context: de natiestaat als sociale entiteit is machteloos. Waar in *Neuromancer* (1984) de *zaibatsu* de dienst uitmaken als surrogaat van de natiestaat en in *Virtual Light* (1993) het stedelijke landschap is verworden tot een lappendeken van *gated communities*, is de natiestaat in *Pattern Recognition* gedegradeerd tot een skelet van symbolische poorten (vliegvelden) en hyperreële gebruiken, terwijl de werkelijke machtsstromen draaien rond multinationals, Russische maffia en de als altijd onzichtbare elite, de hackers. In die machtsstromen is het individu, als het niet in bezit is van een soort door de goden geschonken charisma, onderhevig aan een vergelijkbare vorm van stuurloosheid, waar identiteit een constructie is, een semiwillekeurige assemblage van gemedieerde levensstijlen.

De socioloog Norbert Elias heeft in *Het Civilisatieproces* (1937/1939) aangetoond dat aan de vorming van natiestaten langdurige processen voorafgingen om de individuele drifthuishouding te beteugelen die in de Middeleeuwen veel directer en gewelddadiger was. Die onderdrukking van impulsief gedrag door middel van allerlei gedragcodes en culturele idealen, raakt door de eeuwen heen verwoven met een maatschappelijke tendens naar het centraliseren van macht waar uiteindelijk de natiestaat uit wordt geboren. Deze ontwikkeling krijgt vorm door middel van economische middelen (de invoering van een belastingsmonopolie) en politieke middelen (de instelling van een geweldsmonopolie) waardoor Elias natiestaten kan omschrijven als monopolieorganisaties.

Volgens Zygmunt Bauman wil de moderne staat, op zijn meest ambitieuze en zelfverzekerde momenten, universeel zijn en de maatschappij vormen aan de hand van rationele beginselen[75]. Staatsvorming is een poging tot het elimineren van verschillen om zo een uniforme cultuur van de natie te scheppen. In dit proces van homogenisering moesten lokale culturen wijken voor overeenkomsten op het gebied van taal, godsdienst, geschiedenis, afkomst. Pas later krijgen de natiestaten een mythologische lading

---

[75] Zygmunt Bauman, *Intimations of Postmodernity* (1992) p.7

door middel van ontstaanslegendes en ideeën als volksgeest, die aangevuld worden met symbolen als vlaggen en paspoorten.

Het proces van Europese staatsvorming was in de negentiende eeuw tot een logische conclusie gekomen met de geboorte van Italië en Duitsland, waarna een aantal gebeurtenissen en processen een desastreuze uitwerking hadden, op zowel de status van de natiestaat, als het project van de moderniteit. Het uitbreken van de Eerste Wereldoorlog is in zekere zin de volgende stap in het proces van monopolievorming, een zucht naar een Europees metamonopolie dat aangezwengeld wordt als cultuurstrijd[76]. De natiestaat heeft de daar op volgende fysieke en morele destructie onmogelijk kunnen herstellen. Uit de chaos van de Eerste Wereldoorlog vloeien twee ideologieën voort die de ontegenzeggelijke charmes van de moderniteit voorgoed vernietigen. Het moderne ideaal om verschil op te heffen krijgt in het nazisme (verschil van ras) en communisme (verschil van klasse) de vorm van een duistere dwang die gegoten wordt in de vorm van nieuwe monopolies, het *Reich* en het wereldcommunisme, die de begrenzingen van de natiestaat moeten overstijgen. Met het rationeel inzetten van irrationaliteit en het scheppen van een technologische infrastructuur voor de moedwillige vernietiging van verschil eindigt de moderniteit in de concentratiekampen. Hoe imponerend de positieve resultaten van

---

[76] Zie Modris Eckstein, *Rites of Spring: The Great War and the Birth of the Modern Age* (1989)

de moderne wil ook zijn, daarna kan zij nooit meer losraken van die schaduw, zal de twijfel altijd bestaan of Auschwitz niet kan terugkeren. Misschien omdat communisme, in de woorden van Bauman[77], moderniteit op zijn meest gedetermineerd was – gestroomlijnd en ontdaan van elk spoor van chaos, spontaniteit en het onvoorspelbare— zag het kans in de naoorlogse periode een machtsblok te vormen dat een tijdlang in die dynamiek van de Koude Oorlog werkelijke successen boekte. Totdat het niet meer de concurrentie aankon met de subtiele verschuiving die het kapitalisme maakte richting een consumptie-economie.

Deze verschuiving van het kapitalisme houdt ook een belangrijke ondermijning in van de natiestaat. De opkomst van internationale markten met een snelle beweging van kapitaal en informatie maakt de natiestaat poreus. Zorgvuldig gevormde nationale culturen worden doorkruist met de opkomst van de televisie en popcultuur, terwijl de centrale machtsmonopolies, al dan niet vrijwillig, vervloeien naar alternatieve machtsblokken van multinationals, criminele organisaties en in het specifieke Europese geval: de Europese Unie. De zoektocht naar het maatschappelijke evenwicht van de moderniteit is onmogelijk geworden, er is alleen nog maar sprake van constante beweging zonder morele of esthetische verankeringen.

---

[77] *Intimations of Postmodernity*, p.167

Op dit punt aanbeland, moet er een keuze worden gemaakt. De keuze tussen het cultuurpessimisme (in wezen een nostalgie naar de zonnige kanten van de moderniteit) of het immer controversiële/gebagatelliseerde/verafschuwde postmodernisme, dat hier echter op eenvoudige manier begrepen moet worden als de wil om in de maatschappelijke situatie van de afgelopen decennia te zoeken naar positieve effecten, naar nieuwe mogelijkheden. Wat niet betekent dat de teloorgang van de natiestaat onproblematisch is. Allereerst is daar de ontmanteling van de verzorgingsstaat ten behoeve van een gecoördineerd Europees economisch beleid en monetaire unie in combinatie met de tendens van economische liberalisering die nodig is voor een "vrije" wereldeconomie. Met een pijnlijke logica lijkt ook het geweldsmonopolie van de staat op losse schroeven te staan. De circulatie van wapens is zorgwekkend, maar in feite minder problematisch dan de veranderde drifthuishouding waar fysiek geweld in het alledaagse leven een grotere rol is gaan spelen. En als laatste: met het wegvallen van de natiestaat wordt etniciteit een belangrijke en onvoorspelbare factor.

Dit verschijnen van etniciteit is begrijpelijk aangezien de vraag "wie ben ik?" een hele menselijke is. Een vraag die met het wegvallen van de nationale identiteit, hoe mythisch en oppervlakkig deze ook kon zijn, van belang wordt. Maar is het niet zo dat etniciteit altijd teruggrijpt naar het verleden, waardoor de mythe van een nationale identiteit wordt vervangen door micromythes, die in de mist van het verleden zo onduidelijk zijn dat ze haast willekeurig kunnen worden ingevuld? Binnen de Europese Unie is etniciteit als socialiserende factor nooit gestimuleerd, na de oorlog in voormalig Joegoslavië is zij definitief buitenspel gezet als een magneet voor potentiële rampspoed. De logische tegenhanger van etniciteit, een overkoepelende Europese identiteit is vooralsnog een toekomstdroom. De vraag "wat betekent het om Europeaan te zijn?" is er een die te weinig wordt gesteld door individuen, die bovendien te weinig directe neerslag heeft op het dagelijkse leven en te complex is om definitief te beantwoorden. De mogelijkheden voor een succesvolle constructie van een dergelijke identiteit als maatschappelijk project liggen achter ons, staan open voor continue herinterpretaties om werkbaar te worden en zijn van een schaal die de stoutste dromen van de moderne natiestaat te boven gaan. Die overkoepelende identiteit heeft geen plaats in de 21ste eeuw van fragmentatie, routineuze grensoverschrijdingen (van geld, lichamen en ideeën) en versnelling. Maar wat is het alternatief?

Hoewel het nooit is uit te sluiten dat er de komende eeuwen een dusdanige impuls aan een hernieuwd civilisatieproces wordt gegeven, dat resulteert in een werkelijke geünificeerd Europa, waar de inwoners zich zonder enig zelfbewustzijn Europeaan voelen en aan een groot aantal gemeenschappelijke waarden hecht, is het continent als verzameling oude machtsmonopolies op het moment te gefragmenteerd. Zelfs de angsten van cultuurpessimisten dat massamedia/consumptiecultuur/technologie een uniforme cultuur zouden vormen zonder ruimte voor individualiteit, wat in wezen een vorm van de moderne wensdroom van het opheffen van verschil zou inhouden, zijn niet uitgekomen. Kapitalisme in zijn consumptiefase leeft van verschil, van continue vernieuwing, en in die stroom worden identiteit en gemeenschapsvorming meegesleurd.

Het model voor die nieuwe sociale dynamiek is door de Franse socioloog Michel Maffesoli getheoretiseerd onder de noemer van het neo-tribalisme[78]. Stammen zijn netwerken van individuen die een sociale rol spelen. Waar de stammen van de oudheid echter met strikte regels over lidmaatschap (en het opheffen daarvan) werkten, die weinig ruimte lieten voor individuele keuze, zijn de nieuwe stammen “open”. Zelden zullen de equivalenten van een initiatierite plaatsvinden, het opzeggen van het lidmaatschap is vaak niet meer dan een kwestie van niet komen opdagen. Het gaat om tijdelijk samen-zijn, waarvoor Maffesoli de termen socialiteit en *proximité* lanceert. Er huist volgens Maffesoli een karakteristieke vloeibaarheid in het fenomeen van het neo-tribalisme: individuen kunnen probleemloos van stam naar stam overstappen, al naar gelang hun tijdelijke interesse, of zelfs het lidmaatschap van verschillende

---

[78] Michel Maffesoli, *Le temps des tribus* (1988)

stammen laten overlappen. Dit proces van overlapping bezit een extra dimensie, want de stammen overlappen in individuen en als netwerk overlappen ze ook in publieke interactie, waardoor een zogenaamd netwerk van netwerken ontstaat. Dit meta-netwerk vormt een sociale orde, die echter in tegenstelling tot dat van de moderniteit niet van bovenaf wordt geïmplementeerd, maar verschijnt vanuit de massa.

Maffesoli benadrukt de sleutelrol van de lokale ruimte voor socialiteit: de plekken waar communicatie plaatsvindt, de publieke sfeer, omschrijft hij als de *genius loci*. Het idee van het neo-tribalisme werd ontwikkeld voor de popularisering van Internet, waardoor het belangrijk is om een essentiële tweedeling aan te brengen in de mogelijke vormen die nieuwe gemeenschappen kunnen aannemen. In de oorspronkelijke vorm zijn de neo-tribale gemeenschappen per definitie gesitueerd in de bovengenoemde lokale ruimte. Het is een samen-zijn van lichamelijke nabijheid, van zichtbaarheid in tijd en ruimte. Voorbeelden hiervan zijn demonstraties, voetbalwedstrijden, housefeesten (letterlijk in Maffesoli's woorden "laboratoria waar men werkt aan alternatieve waarden voor het moderne ideaal van controle van het zelf en de wereld"), tentoonstellingen, ramptoerisme, Dungeons & Dragons, pretparken maar ook minder spectaculaire vormen als beurzen voor postzegelverzamelaars.

Dit tribale samen-zijn heeft zich bewezen als een succesvolle manier van het creëren van gemeenschappen, die naar eigen inzicht denkbeeldig, esthetisch, alternatief of moleculair kunnen worden genoemd. Wat die termen in ieder geval verbindt is de implicatie dat ze de totaliserende werking van de natiestaat negeren. Het skelet van de natiestaat kan weinig anders dan deze gemeenschapsvormen accepteren en waar mogelijk terugvallen op surveillance/bureaucratisering/institutionalisering om excessen mee in te kaderen. Die logge sociale technieken zullen het neo-tribalisme weinig zeer doen, hoogstens zorgen ze voor een interessante dynamiek tussen sociale beweging en structuren, open stromen en inkapselingen.

De tweede vorm van neo-tribalisme gaat een stap verder, zij is ontlichaamd, lost de eenheid van tijd en ruimte op. De geografische plek waar men zich bevindt wordt niet waardeloos maar heeft in de loop der tijd veel van zijn waarde verloren als bron van identiteit. Dat vooral in grote steden bewoners van een straat, behalve in elkaars blikveld, compleet langs elkaar heen leven is vaak geanalyseerd als een symptoom van "te ver doorgeschoten individualisering". Echter, naast de voorbeelden van succesvolle socialiteit in de publieke sfeer is er een radicale technologische socialiteit ontstaan waarvan de mobiele telefoon, als McLuhaniaanse extensie van oor en mond, misschien de meest populaire uiting is en Internet de meest intrigerende. De ontelbare gemeenschappen van Internet zijn een niemandsland, per definitie voorbij grenzen. Waar voorheen geïsoleerde individuen wel degelijk een zelfde subculturele interesse konden bezitten, zonder ooit een gemeenschappelijk gevoel te kunnen vormen dat meer was dan een abstract idee van de volgers/fans/lezers van een bepaalde artiest, biedt Internet de mogelijkheid om gelijkgestemden bij elkaar te brengen.

De blogosphere zou kunnen dienen als succesvol model van een sterke socialiteit, ook al is hij ongepland, door zoveel individuele beslissingen opgebouwd, dat het vrijwel onmogelijk is hem te reproduceren. Daarnaast rijst de vraag of de blogosphere niet grotendeels is vervangen door de lichte socialiteit van de zogenaamde sociale media dat in ieder geval genoeg enthousiasme genereert, iets waar het neo-tribalisme van leeft. De belofte van gemeenschap is geworden tot een netwerk dat continu flikkert met aanwezigheid en afwezigheid, een hypersocialiteit. Bloggers zijn traditioneel gevoelig voor een nieuwe vorm van burn-out, een verlangen naar een terugkeer van het leven voordat de blog alles leek te gaan overheersen (het bloggen dat lange termijn projecten als een boek schrijven stoort, deed bijvoorbeeld William Gibson besluiten om zijn weblog te stoppen onder de woorden: "a watched pot never boils"[79]). Het is dan ook de vraag of de

[79] http://williamgibsonblog.blogspot.nl/ Om zich er vervolgens, en dit is een zeer karakteristiek fenomeen, niet aan te houden. Dit speelde in 2003, pas in 2010 lijkt een einde aan het blog te zijn gekomen. Gibson is inmiddels overgestapt op Twitter, hypersocialiteit in zijn meest radicale verschijningsvorm.

hypersocialiteit structureel wordt ingebed in de identiteit of tot nieuwe vormen van burn-out of asocialiteit zal leiden[80].

De momenten van samen-zijn zijn cyclisch, er is geen progressie en teveel beweging om structuren op te richten. Het schoolvoorbeeld van dit onvermogen is de manier waarop de waarschijnlijk meest heftige vorm van socialiteit in recente tijden, de nasleep van de moord op Fortuyn, verwaterde. Met de teloorgang van de natiestaat is ook de revolutie op diezelfde schaal verdwenen, zoals ook klasse niet meer een determinerende rol speelt maar gereduceerd is tot een residu, een na-effect van tijdelijke microrevoluties. En toch: er is iets waar niets was. Inmiddels sluimert het gevoel dat de voorheen ondoordringbare machtsclusters van politiek, justitie, bedrijfsleven en media visieloos ronddolen, op zoek naar nieuwe grenzen, allianties en vooral een richting, terwijl zij na een eerste periode van scepticisme proberen aan te haken met de stuurloze hypersocialiteit. In het neo-tribalisme zit echter een droom besloten van nieuwe maatschappijvormen, nieuwe vloeibare structuren met een hogere graad van deelname die vraagt om diepere connecties tussen virtuele gemeenschappen en het alledaagse leven. Hoe dit vorm zal krijgen blijft een vraag van de praktijk van morgen: de toekomst is meer dan ooit onzichtbaar.

---

[80] Of zal het emotionele feedback met relaties in het niet-gemedieerde leven verstoren? Zie Sherry Turkle – *Alone Together: Why We Expect More From Technology And Less From Each Other* (2011)

PADEN RICHTING MORGEN

1993: DE TOEKOMST IS ONAF

With my music I try to steal from the future
Squarepusher

Wanneer men de hedendaagse muziek analyseert zoals in *Retromania* en aanverwante kritieken ligt het gevaar van reductie op de loer. Het is zelfevident dat op elk moment de realiteit krioelt van creativiteit. In zijn totaliteit kijkt een cultuur helemaal niet streng en zelfbewust terug. Wat men eigenlijk stelt en betreurt is dat cultuur een richting mist. Men mist de moderniteit. Richting zou dan, wanneer men de lessen van Jean-François Lyotard in *La condition postmoderne* (1979) toch in acht wil nemen, niet wijzen op een specifiek doel (emancipatie, bevrijding, et cetera.) maar gewoonweg een hoge mate van connectie tussen verschillende artiesten betekenen (vandaar de term *beweging* voor een groep gelijkgestemden als synoniem voor "er gebeurt iets"). Dit is niet helemaal zonder gevaar. Met het gebruik van schimmige termen zou gesteld kunnen worden dat men verlangt naar een collectieve wil, een stroomversnelling van cultuur waarin men zich kan laten meesleuren, sterk genoeg om ironie, zelfbewustzijn en permanent kritische houdingen (tijdelijk?) uit te schakelen. Verwondering, fascinatie, gemeenschap. In de schaduw van deze woorden kan men al het fascisme ontwaren en dat hoeft niet te verwonderen, het genie van Queen was dat ze dit duistere potentieel van de popcultuur zichtbaar maakte. Wat houdt dan het ontstaan van een beweging, een gevoel dat de toekomst het heden instroomt, tegen? Voordat we in detail ingaan op muziek, het belangrijkste slagveld van retromania, is het instructief om te kijken hoe andere creatieve disciplines er voor staan.

Wordt film in de greep gehouden door eenzelfde angst voor de toekomst? Een verstikkende culturele zwaartekracht die richting het verleden trekt? Het is verleidelijk om de vraag positief te beantwoorden na een decennium waarin het publiek werd bestookt met ontelbare *remakes*. Wat is er immers meer retromania dan het opnieuw maken van het bekende? De remake is een vreemd fenomeen gebleken. Is er namelijk een film aan te wijzen die, artistiek in ieder geval lastig, maar ook commercieel, een daverend succes is gebleken en daarmee de hele remake-dynamiek heeft kunnen legitimeren op de schaal waar deze heeft plaatsgevonden? Veel eerder krijgt men de indruk van een hyperreëel subgenre dat zichzelf in stand heeft gehouden zonder dat er daadwerkelijk behoefte voor is geweest.

Aan de andere kant is er een geromantiseerd beeld ontstaan van periodes uit de filmgeschiedenis, met name het Nieuwe Hollywood van de jaren zeventig, zoals gepropageerd in *Easy Riders, Raging Bulls* (1998) van Peter Biskind, of de periode van de Italiaanse cinema die Martin Scorcese in zijn documentaire *My Voyage To Italy* (1999) analyseert. Scorcese weet op eloquente wijze een tijdsbeeld neer te zetten, dat ieder zelfrespecterende modernist jaloers zal maken, wanneer hij à propos Michelangelo Antonioni's *L'eclisse* (1962) stelt dat op hetzelfde moment bijvoorbeeld Godard, Bergman, Buñuel en Renais nieuwe dingen uitprobeerden, de mogelijkheden van cinema vergrootten:

> It seemed *like every week* someone was taking things a little bit further, topping their last movie. In retrospect I suppose they were all influencing…and provoking each other, and spurring each other on. [cursief toegevoegd]

Scorcese spreekt hier over een perceptie. Ook al is het zonder twijfel een glorieuze periode van de cinema, het gevaar bestaat dat het schijnsel van een gouden tijdperk een recentere periode ten onrechte doet verbleken. Een snelle selectie van films als *Waking Life*, *Inland Empire*, *Mulholland Dr.*, *Her*, *The Tree of Life*, *2046, Hauru no ugoku shiro, Cha no aji* of *Moonrise Kingdom,* films die vrijwel onmogelijk voor hun tijd gemaakt kunnen zijn, bewijst dat cinema in de 21ste eeuw niet "vast zit". Een narratief beperkte film als *Avatar* vormt zelfs technisch een radicale vernieuwing waarvan de implicaties nog onduidelijk zijn. Het heeft een nieuw veld van mogelijkheden gecreëerd.

Het spoor van retromania dat film enigszins kan tegenwerken is wat het over zichzelf verhaalt. Het gevaar van canonisering, dat op veel andere terreinen zijn opwachting heeft gemaakt, is in cinema sterk aanwezig. Canonisering kan in een sterke variant gebruikt worden als een discussiestuk, een aanzet tot kritische reflexie of pleidooi voor een ondergewaardeerde perceptie. In een zwakke variant verzandt het tot het maken van lijstjes, die door de jaren heen verkalken tot een consensus, waar geen vernieuwing wordt toegelaten en waar dus niet meer over hoeft worden nagedacht[81]. Canonisering is een manier waarop retromania zich verspreid en versterkt. Tegelijkertijd wijst het op een onderbelicht probleem: is retromania niet zozeer een crisis van de creativiteit maar van de interpretatie?

De cyclische dynamiek van de modewereld veronderstelt een dwang tot vernieuwing. Dankzij een minimum van twee presentaties per jaar (met haute couture en steeds vaker *resort* collecties[82] als mogelijke toevoegingen) moeten de nieuwe ideeën

---

[81] Filmcriticus Roger Ebert was zich bewust van dit gevaar en dwong zichzelf, op exemplarische wijze, bij het samenstellen van een nieuwe lijst van tien beste films aller tijden voor het tijdschrift *Sight & Sound*, om recente films toe te laten als *The Tree of Life* (2011) of *Synecdoche, New York* (2008).
http://blogs.suntimes.com/ebert/2012/04/the_greatest_films_of_all_time.htm
l

[82] Ook wel *cruise collection*, een soort tussencollectie die vaak is gericht op vakantiekleding. De resort collectie is kleiner van opzet en probeert zonder

vloeien. In de afgelopen twintig jaar lijkt de mode een tijd lang onderhevig te zijn geweest aan retromania waarbij ideeën uit de voorgaande decennia met een voorspelbare frequentie werden hergebruikt, tot een bepaalde snelheid werd bereikt en zoiets als een permanente jaren tachtig revival ontstond in het eerste decennium van de nieuwe eeuw. Vreemd genoeg is de mode zonder explosie van een Groot Verhaal langzaam teruggekeerd in een modernistische dynamiek.

Een onderliggende factor is dat de modewereld zich goed heeft geadapteerd aan Internet, zowel op het gebied van distributie als geleider van aandacht. Mode lijkt zich te hebben losgekoppeld van muziek in de lifestyle-synthese die sinds de Tweede Wereldoorlog ontstond. De subculturele wetmatigheid van een relatie tussen kleding en muziek is losser geworden, waarbij mode steeds vaker een compleet eigen kennisgebied vormt. Op een visueel gedreven site als Tumblr overtroeven mode en stijl met gemak muziek.

Maar dit betekent weinig als de mode zich niet in een periode van creatieve voorspoed zou bevinden. De huidige situatie lijkt het resultaat van langetermijnprocessen. Terwijl de mode, zoals verspreid door grote modetijdschriften en de neerslag daarvan in populaire winkelketens als H&M en Zara, zich in een fase van continue revival leek te bevinden, was wel degelijk een

---

uitzondering een denkbeeldige wereld neer te zetten van de jetset die binnen bereik is.

populistische avant-garde actief zoals in de jaren negentig gepropageerd door tijdschriften als *The Face* en *i-D*. De voorzichtige beweging van Raf Simons van periferie naar het centrum, van undergroundfiguur naar ontwerper bij Dior, het vlaggenschip van de Parijse mode, is exemplarisch. In verschillende vormen en met diverse strategieën is het modernistische merken en ontwerpers als Prada, A.P.C., Maison Martin Margiela, Dries van Noten, Balenciaga, ACRONYM, Rick Owens, Hussein Chalayan en Junya Watanabe gelukt om de revivalcyclus te doorbreken en verschillende huizen in verval te inspireren tot vernieuwing.

Zelfs de nostalgie naar het jaren zestig futurisme van Paco Rabanne, André Courrèges en Pierre Cardin lijkt eindelijk te worden losgelaten, gezien het hedendaagse futurisme dat Iris van Herpen presenteert door onder andere 3D-printing technieken toe te passen op kleding. Dit is het model van een nieuwe creativiteit, een combinatie van ambacht, digitale technologie en schoonheid. Vernieuwing in de mode heeft een aantal ruimtes gecreëerd of gevonden om te floreren en zich weinig aan te trekken van een interpretatieve crisis. Ook hier lijkt mode het beste te profiteren van Internet. Waar voorheen couturiers, hoofdredacteurs van modebladen en trendwatchers de beweging van mode probeerden te sturen en verstrikt raakten in een gok-de-nieuwe-revival, stromen verlangen en betekenis langs deze poortwachters direct richting de kleding, waarbij online winkels, ieder met hun eigen imago, steeds meer interpretatief gewicht krijgen toebedeeld.

De jaren negentig bestonden op muzikaal gebied uit een golf van vernieuwingen. Wanneer men dat bewust heeft meegemaakt is een verlangen naar diezelfde dynamiek begrijpelijk, op dat moment zelf leek het oneindig door te zullen gaan. Een van de mogelijke oplossingen voor retromania is te lokaliseren op een punt waarin die vernieuwing schijnbaar is verdwenen, zonder dat er achteraf valide redenen voor zijn aan te dragen. Maar het is allereerst instructief om te analyseren waarom de vernieuwingsbewegingen van de jaren negentig zijn uitgebloeid.

In een eerder stadium is al gehint naar de reden waarom jungle (later drum 'n bass), waarschijnlijk de meeste futuristische muziek die de mensheid tot nu toe heeft gekend, zijn creatieve dynamiek is kwijt geraakt die een aantal jaren, van ongeveer 1992 tot 1998, op volle kracht werkte en tijdens zijn plateau wekelijks tot vernieuwingen leidde. De halveringstijd die de mutaties van rave deed opsplitsen liet ook de creatieve impulsen verwateren. Jungle kwam op het moment van splitsing vast te zitten in een vorm die juist de vrije zoektocht naar vernieuwing bemoeilijkte. De ritmische inventiviteit, het resultaat van een reeks even arbeidsintensieve als minuscule digitale bewerkingen, werd langzaam ingeruild voor een ritmische eenvoud (het zogenaamde techstep-ritme) waar het makkelijker op dansen was en die goed paste bij een duistere sfeer. Wat een tijdelijke vorm had moeten zijn bleek echter een permanente en jungle verloor hierdoor zijn inventieve charme.

Net als jungle werd glitch gekenmerkt door een fascinatie met ritme. In tegenstelling tot de lichamelijke intensiteiten die jungle veroorzaakte was glitch echter een cerebrale muziek. Pioniers Oval maakten muziek met een politiek-filosofische insteek. Niet alleen waren de stotterende ritmes een kritiek op de onderliggende veronderstellingen van MIDI en programma's als Cubase of de reproductie en digitalisering van muziek, tegelijkertijd stonden ze voor een commentaar op de gestroomlijnde 4/4 maat van dansmuziek (een slaafs, kritiekloos ritme zo je wilt[83].) Er zit iets tragisch in de manier waarop de technieken van deze speelse kritiek op de achterliggende gedachten van technologie zelf een stijlvorm zijn geworden. Even is er een periode van ongekende creativiteit, wat zelfs leidde tot een absoluut meesterwerk, *Endless Summer* van Fennesz, dat een ingang vond naar een breder publiek en daarna verdwijnt de stroming langzaam, is het radicale idee verzadigd[84].

---

83 Simon Reynolds 'Low End Theory', *The Wire* #146, april 1996: Oval is "not so much about music as the technical implementation of notions of music," says Markus Popp. "It's an effort in sound-design rather than music with a capital M. The main content of our effort is to have an audible user-interface."

84 Symptomatisch is echter dat Mille Plateaux, het label waar glitch voornamelijk rond opereert, in 2004 ophield met bestaan als gevolg van de desastreuze verdwijning van muziekdistributeur EFA. In 2008 werd het label nieuw leven ingeblazen, maar als merk, de voorheen radicale identiteit was verdwenen.

De laatste avant-garde, sampledelia, is al een aantal keer in dit betoog langsgekomen omdat het verschillende problemen heeft veroorzaakt en vragen opgeroepen. Dat maakt het waarschijnlijk tot het meest interessante van de besproken genres. Sampledelia is nooit een echt breed gedragen term geweest. Het vormde een soort metagenre dat voor een groot deel onder hiphop viel. Sampledelia is eigenlijk heel eenvoudig te omschrijven als elektronische muziek die voor het grootste gedeelte is opgebouwd uit een verzameling korte muziekfragmenten van andere artiesten. Wanneer deze tapijten geweven uit samples met zorg en inventiviteit werden samengesteld, ontstonden platen die een unieke, instant monumentaliteit bezaten. De La Soul – *3ft High and Rising* (1989), Beastie Boys – *Paul's Boutique* (1989) Public Enemy – *Fear of a Black Planet* (1990), Portishead – *Dummy* (1994), Tricky – *Maxinquaye* (1995), DJ Shadow – *What Does Your Soul Look Like?* (1995) en *Endtroducing* (1996), Avalanches – *Since I Left You* (2001) zijn de creatieve pieken.

Dat het excessieve gebruik van samples in de jaren negentig steeds moeilijker werd is een van de redenen waarom sampledelia nog weinig navolging kent. Sceptici van deze zienswijze stellen graag dat wanneer artiesten de samples legaal gebruiken (dus netjes om toestemming vragen, al dan niet geld betalen voor gebruik) er geen enkel probleem bestaat en dat sampledelia ten onder is gegaan aan andere oorzaken, bijvoorbeeld omdat het uit de mode is geraakt. Dat laatste is zeer discutabel maar sampledelia is niet louter juridisch kapotgemaakt.

In sampledelia huist een inherente afstomping. Allereerst is deze creatief van aard: sampledelia is zonder twijfel het product van een muzikale obsessie, een zoektocht naar obscure kennis (mogelijke samples) die op esthetische wijze gecombineerd kunnen worden. Deze kennis opbouwen is een langetermijnproces zoals het maken van de muziek monnikenwerk is. Het kan geen toeval zijn dat geen van deze artiesten[85] ooit na hun meesterwerken— vrijwel altijd het debuut— eenzelfde soort plaat heeft proberen te maken. Opvolgers zijn of radicaal anders, teleurstellingen of laten, in het geval van Avalanches, al langer dan een decennium op zich wachten. Het is alsof de zorgvuldig opgebouwde kennis in een enkele creatieve explosie is opgebrand en deze nooit meer met dezelfde intensiteit kan worden aangevuld. Helemaal niet wanneer de angst er insluipt dat een van de samples niet mag worden gebruikt en een zorgvuldig gecreëerd bouwsel tenietdoet. *Endtroducing* is in zijn totaliteit uit samples opgebouwd maar op de hoes worden maar *zeven* samples geïdentificeerd waar toestemming voor is gevraagd. Het lijkt een arbitraire keuze, alsof DJ Shadow een statement wilde maken over de relatie tussen creativiteit, samples en rechten.

---

[85] Of producers, bijvoorbeeld de Dust Brothers in het geval van *Paul's Boutique*.

Sampledelia lijkt een eenmalig project[86] en in die zin blijft het een volstrekt valide muziekvorm die wacht op een nieuwe artiest die zijn obsessieve kennis omzet in een eigen muzikale lappendeken. Eigenlijk zijn er twee alternatieve strategieën ontwikkeld om met samples om te gaan: de minimale techniek die als de *mashup* furore maakte rond 2000 (het combineren van twee muzikale bronnen tot een nieuw nummer) en de meer theoretische georiënteerde manier. De twee voorbeelden van de laatste manier zoeken, misschien niet geheel toevallig, een veilige bron op. John Oswalds *Grayfolded* (1994), een uit talloze samples van verschillende live-bootlegs opgebouwde versie van 'Dark Star', werd met goedkeuring van Grateful Dead uitgebracht[87]. Stefan Goldmann deed iets soortgelijks met zijn *edit* van *Le Sacre Du Printemps* (2009), een versie van Stravinsky's klassieke werk dat uit meer dan honderd fragmenten van verschillende opnamen werd opgebouwd, zowel als kritiek op oppervlakkige remixpraktijken in

---

[86] Het is interessant dat alle bovengenoemde problemen (legaal, verzadiging) al vanaf het begin speelden, namelijk M|A|R|R|S verrassende nummer 1 hit uit 1987 'Pump Up The Volume'. Een single opgebouwd uit samples, waarvan een vrijwel onherkenbare sample van Stock, Aitken & Watermans 'Road Block' tot een korte vertraging van de release leidde en uiteindelijk van de Amerikaanse versie werd verwijderd. Er is nooit een opvolger van 'Pump Up The Volume' verschenen.

[87] Op vele niveaus interessant: Grateful Dead was een band die het maken van bootlegs altijd heeft goedgekeurd, een soort muzikaal shareware programma. Hier kon Oswald eindelijk probleemloos zijn gang gaan, na jaren lang als provocateur met zijn *Plunderphonics* project tegen de muur van het auteursrecht te zijn gebotst. Voor de kenner schijnt *Grayfolded* een sublieme ervaring door een caleido*sonische* realiteit te vormen, een onmogelijk nummer mogelijk gemaakt.

dansmuziek als een musicologische ontdekkingstocht langs opnametechnieken:

> Every couple of seconds you find yourself in a different room, listening to a different orchestra under a different conductor. A journey through microphone positions and mixdown decisions. Each time a different world in the headphone. Also the different shades of tape hiss in the recordings make it sort of an electroacoustic avant-garde work, as you can follow a floating noise contour throughout the work—probably the clearest evidence of the edit process. It's putting a focus on the subtleties of orchestral interpretation—a field often neglected and widely unknown to the electronic society....[88]

En toch kan men zich niet onttrekken aan de gedachte dat sampledelia een punt van verzadiging heeft bereikt. De projecten van Oswald en Goldmann zijn intrigerende constructies die veel vertellen over de relatie luisteraar, realiteit en opnametechniek, maar ze hoeven niet herhaald te worden. Het punt is gemaakt. Wat betreft het opstaan van een jonge auteur die een nieuw samplemeesterwerk zal presenteren is enige terughoudendheid op zijn plaats. Wellicht zijn er de laatste twintig jaar teveel connaisseurs actief geweest die het verleden gewoonweg te goed in kaart hebben gebracht. Een deel van het genot van sampledelia is het verrassingseffect dat op verschillende manieren werkt. De verrassing van het horen van een onbekende sample. De verrassing van het horen van een bekende sample in een nieuwe

---

[88] Stefan Goldmann in *Resident Advisor*, 23 maart 2009. http://www.residentadvisor.net/news.aspx?id=10377

context. En de meest ingewikkelde: een sample in de toekomst herkennen wanneer men eindelijk het bronmateriaal voor het eerst hoort[89]. Ook al bestaat onder sommige muziekliefhebbers de wil om alles te beluisteren wat ooit is gemaakt, zal dit natuurlijk praktisch onmogelijk zijn. De geschiedenis verzadigt nooit perfect. Dit vormt de fascinerende spanning waar het succes van sampledelia op rust: de artiest moet meer weten dan de luisteraar.

Tot nu toe is een belangrijk genre uit de jaren negentig onbesproken gebleven: techno. In een bepaalde vorm van techno ligt de mogelijkheid verborgen om retromania te doorbreken. Er zijn globaal twee vormen van techno te onderscheiden[90]. De eerste is functionele techno, de minimale vorm, bij voorkeur op 12-inch verspreid, die voorlopig zal blijven bestaan omdat het essentiële

---

[89] Wat ook een vreemde melancholie kan opwekken en talloze vragen oproept over de waarde van originaliteit. Bijvoorbeeld Parliament ontdekken na Dr Dre's *The Chronic* dat voor een groot gedeelte bestaat uit samples van de funkgroep.

[90] Het is mogelijk om een derde vorm van techno aan te wijzen, een hybride vorm die steeds beweegt tussen de polen van de boven beschreven modellen. Techno leek rond het jaar 2000 opgebrand en permanent weggedrukt door hippere nieuwe dansgenres. De *Hypercity* compilatie, in 2001 verschenen op het Duitse label Force Tracks, luidde een verrassende *reconquista* van techno in, waarmee de creatieve focus ook dwingend werd verlegd richting Duitsland. Het vlaggenschip van deze vorm van techno werd al snel het Keulse Kompakt label dat, vooral op hun jaarlijkse *Total* compilaties, steeds laveert tussen dansvloerfunctionaliteit, dansbare pop en huiskamertechno. Het is te omschrijven als voornamelijk prettige muziek en met *Immer* (2002) van Michael Mayer werd een onmiskenbaar meesterwerk van de elektronische muziek gepresenteerd. Maar de hybride heeft vaak ook iets doelloos, het soort idee dat zo goed is dat het schijnbaar tot in de eeuwigheid kan worden herhaald. Zonder consequentie, *le techno pour le techno*.

gereedschappen zijn voor de dj. Deze vorm van techno is in wezen voltooid, het speelt zich af binnen bepaalde parameters van ritme en dynamiek waarmee eindeloze variaties kunnen worden gemaakt[91]. Het culturele succes van deze vorm van techno is afhankelijk van het feest en deze constructie bevindt zich al lange tijd, ondanks enkele pogingen om openingen en vernieuwingen te creëren, in een fase die gekarakteriseerd wordt door zeer strikte regels wat betreft de plek van de dj ten opzichte van het publiek, welke muziek er moet worden gedraaid, de mixtechnieken, welke drugs er mogen worden gebruikt, het is kortom volledig geritualiseerd.

Maar er bestaat een andere vorm van techno. Techno dat het dictaat van de dansvloer loslaat. Hier zijn verschillende namen voor verzonnen die nooit helemaal—en dat is wellicht al een goed teken—juist aanvoelden en geaccepteerd werden: ambient techno, intelligent dance music (IDM), electronic listening music. Wat deze muziek van zeer diverse artiesten verbindt is dat het, zoals de meest radicale tracks van Kraftwerk ('Numbers') of Model 500 ('No Ufo's'), niet retro klinkt. Het is muziek die een inherente toekomstigheid bezit. Hierdoor krijgt het de vorm van een vertakking die parallel is gaan lopen aan andere trends in muziek,

---

91 Een spanning die mooi door Wolfgang Voigt is verwoord: "The DJ, he wants the same record every month, and the journalist wants something different every month. I live somewhere in between." Rob Young 'Neue Deutsche Welle', *The Wire*, mei 1997.

maar enigszins vergeten raakte nadat de schijnwerper van de media-aandacht zich op nieuwere genres is gaan richten.

De reflex is denkbaar dat hier een betoog wordt gehouden om terug te keren naar de platen van Aphex Twin, Autechre, Sandoz, Orbital, The Black Dog rond 1993. Het is in ieder geval instructief om deze muziek weer te beluisteren omdat zij een bepaalde abstractie kent (ze gebruikt zelden zang), naast een welhaast naïeve blik voorwaarts die de hedendaagse muziek goed kan gebruiken. Maar we spraken al over een vertakking en sinds 1993 is deze vorm van muziek op volstrekt persoonlijke wijze (in die zin zou de term auteurtechno niet misstaan) blijven voortbestaan in het werk van Biosphere, Dopplereffekt, Lawrence, Speedy J, Pete Namlook, Farben, Plastikman, Ricardo Villalobos & Max Loderbauer, Atom™, Boards of Canada, James Holden, Joris Voorn, Four Tet en Donato Dozzy. Het werk van elk van deze artiesten zou weer kunnen worden beschouwd als een mogelijk pad naar verdere ontdekkingen. Het mooiste voorbeeld is *Zauberberg* (1997) van GAS dat een complete wereld presenteert, een audiovisuele dagdroom, en hier ook nog filosofische en literaire referenties aan verbindt (zonder dat deze op de voorgrond treden). GAS is geen model dat herhaald kan worden, het is een unieke uiting. In plaats van een Grote Plaat (die iedereen dwingt op te letten) is de term Sterke Plaat beter: een plaat (een kunstwerk) met verschillende dimensies en lagen, een spel met betekenissen. En hiermee vermijdt men het idee van een programma voor vernieuwing, het recept voor de toekomst zoals opgesteld door de criticus of een comité. Wat deze vorm van muziek maakt tot wat het is, is een persoonlijk visioen. Het *verschijnt.*

De toekomst is een ongerealiseerde verzameling van zulke vertakkingen. Ze vormen openingen, hoop, een muziek met een moeilijk te omschrijven—laat staan verklaren—diepte. En zowaar kregen we de kans om 1993 fris te beluisteren in de schoot geworpen. Alsof een in een ijslaag of hars bewaard fossiel in perfecte staat werd ontdekt. Richard D. James, beter bekend als Aphex Twin, leek begin 2014 levenstekens te vertonen, nadat hij een lange periode een (relatief) teruggetrokken bestaan had geleid. Zijn mogelijke terugkeer kreeg in bepaalde technokringen messiaanse trekjes. Eerst was daar de verschijning van een verloren gewaand album onder de noemer Caustic Window. In 1994 was alleen een testpersing van het album gemaakt, waarna het project om onduidelijke redenen werd geschrapt. Met behulp van een Kickstartercampagne werden de gedigitaliseerde opnamen van de teruggevonden plaat vrijgegeven, wat voor een uiterst curieuze luisterervaring zorgde. Hier was immers muziek uit het verleden—uit een zeer creatieve periode—die nog niet door tijd en betekenis was beroerd.

Een paar maanden later zou Aphex Twin een album uitbrengen met nieuw materiaal. Het zelfverzekerde *Syro* was met gemak een van de avontuurlijkste albums van deze tijd. In een van de intrigerende interviews rond de release sprak James, onder andere, over het probleem van overcodering:

Pitchfork: In the '90s, your music existed in a kind of dialectical relationship with rave culture. Do you miss that?

RDJ: Yeah, I do, actually. For years, I could listen to jungle and nick things from them, but they didn't know I existed. It was a separate world. But that world doesn't exist any more. It's all merged into this global Internet world. It's a real shame. I really don't like that. But that's just globalization. It's got good sides as well. But scenes aren't allowed to develop on their own any more. Everyone knows about everything.[92]

De grootste verrassing, een van de radicaalste gebaren uit de geschiedenis van de popmuziek, volgde op 26 januari 2015. Op dezelfde dag dat Aphex Twin een nieuwe E.P. vol experimenten uitbracht, kwam het gerucht op gang dat iemand op Soundcloud archiefmateriaal van Aphex Twin beschikbaar stelde. Na enig scepticisme—Aphex Twin is een van de artiesten waarvan de meeste imitaties op Internet circuleren—konden de grootste fans verifiëren dat het om authentiek materiaal ging (bijvoorbeeld door vergelijking met opnamen van oude dj-sets waarin hij tracks had uitgeprobeerd.) In een aantal sessies werden 175 tracks door James vrijgegeven met een speelduur van meer dan 13 uur, soms

[92] Philip Sherburne - 'Strange Visitor: A Conversation With Aphex Twin' http://pitchfork.com/features/cover-story/reader/aphex-twin/

aangevuld met commentaar. James heeft sinds het begin van zijn carrière gesteld dat hij over honderden onuitgebrachte nummers beschikte, waar hij op een gegeven moment het overzicht over verloor. Dit bleek niet alleen te kloppen, vooral de hoge kwaliteit van het materiaal verbaasde. De meerderheid van de nummers had moeiteloos een plek kunnen krijgen op een van zijn klassieke albums. Het effect op de luisteraar was volstrekt uniek: alsof een parallelle jaren negentig in een keer hoorbaar werd.

Maar het veroorzaakte ook een aantal interessante bijeffecten. Waarom na een overdaad van superieure muziek nog luisteren naar nieuwe muziek? Dit roept een bepaalde spanning op. In media vond een heel korte poging tot overcodering plaats, maar het bleef vooral beperkt tot de vorm van het kleine nieuwsfeit[93]. Meteen daarna werd er door veel professionals afstand van genomen, vaak met een gespeelde desinteresse. Hierdoor maakt de Soundcloud-verzameling een conservatieve structuur zichtbaar. Er mag namelijk geen breuk plaatsvinden. De machine van nieuwtjes, roddels, middelmatige releases en aankondigingen van festivals kan niet aan worden getwijfeld, mag onder geen beding tot stilstand komen. Popmuziek als

---

[93] Een van de uitzonderingen was Stuart Atkin in *The Guardian*: "Rather he's giving his audience a new way to engage – and in the process he's highlighting the need for a new playfulness and spirit of adventure in the music industry's relationship with the internet. Why not explore the creative possibilities offered by the internet? Why not use it as a medium to shock, delight and surprise?" http://www.theguardian.com/music/musicblog/2015/jan/29/aphex-twin-soundcloud-dump-shock-and-delight

bureaucratie. Aphex Twin heeft onbewust talloze vertakkingen van 1993 aangereikt, toegangen tot werelden die ware muzikanten nieuwsgierig verder zouden kunnen verkennen. Het doorrollen van de popbureaucratie schenkt een ongekende vrijheid, niet in de laatste plaats van het proces van overcodering. Het is de individuele luisteraar die een relatie aangaat met de muziek, zonder leidraad, alsof men uit de tijd is geworpen.

Deze vorm van techno kent een problematisch aspect dat misschien verweven is met het open karakter ervan. De hoes van *Artificial Intelligence* (1992), de eerste compilatie op het Warp label die de stijl presenteerde, schilderde een duidelijk beeld. Een robot ligt languit op een stoel rokend naar muziek te luisteren (de hoezen van *Autobahn* en *Dark Side of the Moon* liggen achteloos op de vloer). De muziek vormt een individueel genot. Dit in tegenstelling tot de collectieve ervaring van rave waaruit het evolueerde. In de praktijk heeft de muziek zijn weg gevonden naar gemeenschappelijke luisterervaringen, in chill-outruimtes, musea, festivals voor nieuwe media, maar het heeft zich nooit laten vastleggen. Het ongrijpbare karakter heeft zijn voordelen omdat het hierdoor niet afhankelijk is van een vaststaande sociale setting zoals die waarin dansmuziek zich heeft gemanoeuvreerd, zoals het ook niet door media-aandacht is vastgepind in betekenis. Tegelijkertijd krijgt de muziek in gemeenschappelijke situaties iets vrijblijvends, Satie's *musique d'ameublement* voor een hoogtechnologische maatschappij.

Misschien is de 'lounge' die rond het jaar 2000 furore maakte nog het dichtst bij een werkend idee van gemeenschap gekomen. Al ontsnapte de luistervariant van techno ook hier weer aan definitieve kolonisatie, aangezien lounge muziek neigde naar een even eclectische als lichtvoetige mix van dub, easy listening, triphop en jazz. Hoewel het nu bijna onvoorstelbaar is dankzij een verzadiging van negatieve associaties die er aan zijn verbonden (elitair, decadent, oppervlakkig, hoofdstedelijk) was de basis van het lounge concept niet slecht bedacht. Eigenlijk bestond het allang als een visioen van de manier waarop in de toekomst elektronische muziek zou worden ervaren, zoals de openingsscène van *A Clockwork Orange* (1971) bewijst. Synthesizers, drugs, gemeenschap. In *A Clockwork Orange* staat dit, geholpen door het gebrek aan communicatie in de Moloko Bar gelijk aan dehumanisering. Al gedurende de vroege jaren van techno werd hiervoor een positief alternatief bedacht. Rick Davis van Cybotron:

"Techno City was the electronic village," says Davis. "It was divided into different sectors. I'd watched Fritz Lang's *Metropolis* - which had the privileged sector in the clouds and the underground worker's city. I thought there should be three sectors: the idea was that a person could be born and raised in Techno City - the worker's city - but what he wanted to do was work his way to the cybodrome where artists and intellectuals reside. There would be no Moloch, but all sorts of diversions, games, electronic instruments. Techno City was the equivalent of the ghetto in Detroit: on Woodward Avenue the pimps, pushers etc get overlooked by the Renaissance Tower"[94].

Davis is nog enigszins ambivalent over deze klassenindeling. Derrick May zag techno het liefst als een muziek voor dichters en kunstenaars: "Electronic music was always for the intellectuals"[95]. Kortom een creatieve elite, Shelley's dichters als "niet-erkende wetgevers van de wereld"[96].

Dit accepteren is je open stellen voor beschuldigen van elitarisme en apolitiek fatalisme. Misschien niet ten onrechte, maar waarom moet muziek een gemeenschappelijke ervaring nastreven, juist wanneer de ervaringen volledig zijn vastgeroest, als ritueel maar ook als radarwerk in een ongegeneerd kapitalisme? Muziek heeft in deze constellatie geen collectief politieke functie behalve als goedgekeurde (gecommodificeerde) uitlaatklep. In muziek huizen nog talloze sondes naar de toekomst, onaangetast door overcodering. Die toekomst veilig stellen is voorlopig een individuele taak. Lang heeft de godheid Dionysos model gestaan voor een collectieve extase die de pretenties van een sociale orde uitdaagt. Maar *bacchanalia* zijn (voorlopig) opgenomen en als spektakel geneutraliseerd door het sociale weefsel, om ongetwijfeld ooit met hervonden kracht terug te keren. Tot dan lijkt de tijd

---

[94] Jon Savage, tekst op Cybotron – *Interface: The Roots of Techno*, September 1993
[95] In de *Universal Techno* documentaire van Dominique Deluze. In 1996 uitgezonden op Arte.
[96] Percy Bysshe Shelley – *A Defence of Poetry* (1821)

aangebroken voor de verstilde kalmte van Apollo's lier, god van kennis, dichtkunst…profetie.

DE SYNERGIE REEKS

In some ways it's like we're running on a highway going the opposite direction to everybody else.

Thomas Bangalter

De popliefhebber is gewend geraakt om in cycli te denken. Sinds de jaren zeventig is het poplandschap gefragmenteerd. Nieuwe genres ontstaan die pieken en vervolgens plaats moeten maken voor hun opvolgers. Meer dan ooit denkt de popliefhebber in jaren als afgebakende stilistische perioden. Obsessief worden nieuwe platen gewogen voor de jaarlijst (halfjaarlijst, kwartaallijst). Een afbakening die vanzelfsprekend artificieel is. Voor de liefhebbers onderling vormt het wellicht een handig gestandaardiseerde discussieopener, het ware probleem is dat de popkritiek zich er teveel door heeft laten verleiden. De jaarlijst is het definitieve instrument geworden waar betekenis mee wordt afgemeten. Omdat popmuziek een echte geschiedenis heeft ontwikkeld is dit niet vreemd. We weten wat 1967 betekent, 1977, zelfs 1987. Jaartallen die staan voor een esthetische omwenteling. Hiermee werd een verwachting geschapen dat popmuziek zichzelf elke tien jaar zou vernieuwen. Het bewust worden van deze mogelijke cyclus was tegelijkertijd het einde ervan. Het collectief wachten op een mogelijke structurele omwenteling doet dit proces, als het al bestond, teniet.

De eerste maanden van 2013 voelden voor de kritische muziekliefhebber alsof een frisse wind opstak in een muf poplandschap. Men kon zoiets ontwaren als mogelijkheden, een reeks van aankondigingen van nieuwe albums die de belofte van de Grote Plaat inhielden. Het interessante is dat er een ketting van nieuwe muziek ontstaat die een mogelijk synergetisch effect teweegbrengt. Is dat effect krachtig genoeg om de grip van retromania te doorbreken? Hoe lang de ketting precies is, kan op het moment moeilijk worden gezegd. Voor dit hoofdstuk wil ik het laten beginnen met Scott Walkers *Bish Bosch*, dat vanuit strategisch-commercieel oogpunt (ondergeschikt voor een *artiest* als Walker) ongunstig aan het einde van 2012 verscheen, en laten lopen tot het lang verwachte *Tomorrow's Harvest* van Boards of Canada. De term langverwacht is wellicht belangrijk, de ketting bestaat niet uit jonge artiesten die uit het niets een invasie beginnen van het poplandschap (dat immers verdedigingswerken heeft opgeworpen tegen deze overrompelingen). De synergie is mogelijk omdat een groot aantal artiesten ongeveer op hetzelfde moment, na lange tijd van afwezigheid, nieuw werk presenteerde. Hier wil ik drie platen in detail bespreken die op eigen wijze een uitdaging bieden aan retromania, enkele blokkades richting de toekomst verduidelijken en inderdaad een mogelijke Grote Plaat kunnen zijn.

My Bloody Valentine is waarschijnlijk de minst beroemde klassieke rockgroep ooit. Nooit zal de band, middels rockdocumentaires, tot de canon worden toegelaten. Een bepaald geluid dat de band maakt blijft onkoloniseerbaar, irriterend voor massaconsumptie. Desondanks is hun album *Loveless* sinds 1991 langzaam maar zeker uitgegroeid tot een klassiek album, een embleem voor een nieuwe generatie muziekliefhebbers. *Loveless* is ongetwijfeld een perfect voorbeeld van een bepaald soort Grote Plaat, een album dat een verschuiving veroorzaakt, een opening in de cultuur forceert. De faam van *Loveless* is door de jaren toegenomen terwijl er geen opvolger van het album verscheen. Tot begin 2013. In die periode is de complete manier van muziekconsumptie en kritiek veranderd. Is er dan nog plaats voor My Bloody Valentine in de 21ste eeuw?

De manier waarop *mbv* verscheen, verschilde niet alleen radicaal met 1991, maar was zelfs voor 2013 ongebruikelijk. Op 2 februari kondigt de groep via hun website aan dat het nieuwe album per direct digitaal is uitgebracht, wat voor furore zorgt op sociale media, gevolgd door collectieve frustratie wanneer de server het dataverkeer niet aankan. Wanneer de dag erna het stof enigszins is neergedaald, blijkt dat *mbv* in eigen beheer wordt uitgebracht en de cd en/of LP op 22 februari verschijnt. My Bloody Valentine is dan na David Bowie de tweede popartiest in korte tijd die, volkomen onverwacht, nieuw werk uitbrengt. Deze strategie vormt een breuk met de manier waarop releasetrajecten de voorgaande tien jaar zijn verlopen.

Voordat Internet met breedband aan snelheid won werden recensie-exemplaren soms maanden van te voren naar popjournalisten verstuurd. Door de toenemende datacapaciteit van consumenten, de populariteit van de mp3 en steeds effectievere downloadmogelijkheden werd de tijd tussen promo en daadwerkelijke release steeds korter, om uiteindelijk vrijwel betekenisloos te worden. Onder fans ontstond al snel een zekere gedrevenheid waarbij het welhaast een sport werd om een gelekt album als eerste te signaleren. Bij sommige artiesten in de elektronische muziek gaat dit gepaard met een studie naar de authenticiteit van het gelekte materiaal, vooral omdat van Autechre, Boards of Canada en Daft Punk veel imitaties circuleren. Het lekken van albums is ondanks verwoede pogingen van de muziekindustrie nooit uitgebannen, het is zelfs normaal geworden[97]. Het bestrijden van vroegtijdige lekken, waarvan men

[97] Denk aan recensenten die een album in een kamer moeten beluisteren zonder een fysiek exemplaar van het album in bezit te krijgen, promo's op cassettebandje of de meest populaire strategie: het "watermerken" van promo's

toch al kan afvragen of het niet allang met voorbedachten rade door platenmaatschappijen wordt gedaan om reacties te peilen, is in het geval van Bowie en My Bloody Valentine—op zoek naar overrompeling—nog te begrijpen. In zulke gevallen kan men besluiten om geen promo's uit te geven. Voorheen had men de (muziek)pers nodig om nieuws en recensies te verspreiden, in het gunstige geval een hype te creëren. Beide artiesten hebben goed ingeschat dat hun terugkeer al genoeg nieuws zou zijn op Internet, met een intensiteit waar recensies in kranten en maandelijkse tijdschriften allang niet meer tegenop kunnen. Fascinerender is hoe My Bloody Valentine vrijwel uit het niets, zonder geruchten, terugkeerde, misschien bewust gebruik makend van het feit dat alle voorafgaande aankondigingen jaren vertraging inhielden[98]. Het is in ieder geval een hoopgevend voorbeeld dat geheimzinnigheid en verrassingen nog mogelijk zijn in tijden van vrijwel totale zichtbaarheid.

Een tweede opvallend verschil met 1991 is dat de aankondiging en aanschaf van de muziek nu samenvallen. Op het moment dat de website live ging, was het mogelijk om de nieuwe My Bloody Valentine te horen dankzij hoogwaardige mp3 en .wav downloads of via het YouTube kanaal van de band. Het lijkt de

---

waardoor gelekt materiaal kan worden herleid tot een specifiek exemplaar, met sancties voor de verantwoordelijke.

[98] Terugkijkend kondigt Shields daadwerkelijk *mbv* aan tijdens zijn interview met *The Quietus* in mei 2012 dat hoofdzakelijk over de remasters van oude materiaal gaat. http://thequietus.com/articles/08742-kevin-shields-interview-my-bloody-valentine-new-album

juiste beslissing voor deze tijd, maar men moet zich afvragen of hierdoor ook een bepaalde ontvangst wordt gevormd die een instant karakter heeft. Na tweeëntwintig jaar hoeft er, in dit specifieke geval, geen voorpret meer te zijn die men in een nostalgische bui mogelijk zou kunnen missen. In 1991 verschijnt de plaat exact als aangekondigd op 11 november en ligt netjes bij GET Records te wachten, waarna een fietstocht nog even het plezier uitstelt. Een eenzame, contemplatieve ervaring. Hoe zou die ervaring in 1991 eruit zien als je de communicatie van nu terugvertaald (zonder smartphone en Internet)? Dan zou je op elk moment naar een telefoon stappen om heel veel mensen te bellen. "Ik ga nu naar de platenzaak." Bij de platenzaak de telefoon gebruiken: "Ze hebben hem, ik reken de plaat nu af." Halverwege van de fiets afstappen bij een betaaltelefoon: "Wat een voorpret!" Thuis gevolgd door "Hij valt de eerste luisterbeurt wat tegen hoor."

mbv is in een tijd van extreem, bijna geritualiseerd, zelfbewustzijn verschenen, van egoprojectie maar ook een overdaad aan kennis. Jayson Green schreef voor *Pitchfork* een mooi obsessief artikel over het moment waarop men nieuwe muziek in het leven toelaat:

I considered how many years I had listened to *Loveless*, cherishing the vague notion of what Shields might be working on at that moment, wondering if I would ever hear it. How sad and wonderful, I thought, for a dream this dear and long-deferred to be realized. I savored my last moment alone with *Loveless*. Then I clicked play.[99]

Dit zijn gedachten die menig muziekliefhebber in vergelijkbare vorm misschien heeft gekend op een moment waarvan hij verwachtte dat er iets ging veranderen, een monumentale plaat voor het eerst gehoord zou worden. Zelf kan ik nog goed herinneren dat nummers van *Fear of A Black Planet* (1990), de aangekondigde nieuwe Public Enemy, op de radio gedraaid zouden worden en je op het moment van daadwerkelijk uitzending bewust een verschuiving hoorde (in jezelf maar ook op cultureel niveau). Alweer een individuele ervaring.

Of niet? *Loveless* verscheen niet uit het niets in de cd-speler. De plaat was ook ingebed in een gemedieerde ervaring van muziekpers, de sociale ervaring rond de platenwinkel, radio, heel soms televisie, kortom een ander ritme van informatie.

De componenten van die ervaring zijn allemaal veranderd, hebben aan kracht ingeboet. De muziekpers beschikte over een autoriteit die achteraf bezien moet zijn gerelateerd aan de schaarste van informatie door middel van cycli van verschijning (maandelijks, tweewekelijks of wekelijks) die ook een geconcentreerde bron van informatie vormden. Zelfs de wekelijkse Britse muziekkranten, destijds enigszins zuur beschouwd als hypemachines, dwongen een

---

[99] Jayson Greene, 'To Here Know When: A Last Moment With Loveless', in *Pitchfork*, 5 februari 2013. http://pitchfork.com/features/articles/9055-mbv/

periode af waarin je muziek een aantal dagen als tekst moest wegen. Muziek kreeg in die tussenperiode een extra laag van betekenis (in de vorm van projecties, verwachtingen, verlangens). Achteraf gezien lijkt het een primitief netwerk dat onwaarschijnlijk efficiënt werkte, vooral wanneer je in de buurt van een goede platenwinkel woonde.

Vanzelfsprekend is dit allemaal veranderd. Waarschijnlijk is er sinds de opkomst van Internet meer over muziek geschreven dan in de hele periode daarvoor. Je kunt zelf stellen dat het wegvallen van het belang van de wekelijkse tijdschriften gunstig is gebleken voor een tijdschrift als *Wire* dat zich profileert met kwaliteit, lange artikelen en een compromisloze interesse in mogelijke nieuwe vormen. Online zijn er tijdschriften ontstaan met een zekere autoriteit (*Pitchfork*, *The Quietus* en *Resident Advisor*) maar het is een autoriteit die continu wordt ondervraagd. De recensent is een van velen geworden, niet meer dan de aangewezene die een discussie opent. De traditionele voorsprong door promo's is vrijwel verdwenen en elke nieuwsgierige luisteraar kan op elk moment zelf een mening vormen over een plaat lang voordat deze in de winkel ligt.

In dit platgewalste landschap verschijnt *mbv*. Voor nostalgici zijn er geen vurige recensies over verschenen, minimanifesten die proberen de toekomst van richting te laten veranderen. Bij het verschijnen van *mbv* was meer dan ooit te voren een terughoudendheid van de professionele kritiek voelbaar.

Dit is enigszins te wijten aan een gevoel van zelfbewustzijn rond de vraag hoe om te gaan met een mogelijke Grote Plaat. *mbv* is ambivalent genoeg om de kat eerst uit de boom te kijken. Een te groot enthousiasme of snel negativisme zal genadeloos worden afgestraft wanneer uiteindelijk zoiets als consensus over het album ontstaat. Aan de andere kant is het ook de eerst mogelijke Grote Plaat die verschijnt op het hoogtepunt van sociale media. De eerste dagen is de golf van reacties zo overdonderend dat degenen die de plaat op zich in wilden laten werken haast in een reflex zijn afgeschrokken door de vreemde online wil-om-teleurgesteld-te-worden en recensies die een dag later al verschijnen. Hoogstwaarschijnlijk veroorzaakte *mbv* de meest geconcentreerde manifestatie van overcodering tot dan toe.

Het is opvallend hoe snel de plaat vervolgens lijkt te zijn vergeten. De postpakketten verschenen, de foto's hiervan braaf als bewijs online geplaatst en daarna niets. Of beter: nieuwe muziek. De muziekliefhebber weet dat er altijd weer een nieuwe plaat volgt die de vorige de verzameling indrukt, maar met mp3s is dit proces vele malen versneld. Wat in zoverre jammer is omdat *mbv* op deze manier geen kans krijgt om zich daadwerkelijk in het leven te verweven, het dreigt puur spektakel te blijven. Terwijl er vanzelfsprekend intrigerende zaken zijn aan te wijzen. *mbv* is een zeer ambivalente plaat, een album ook dat bewust uit twee delen is opgebouwd. Geen wonder dat de vinylversie met de grootste zorg is gemaakt: een dubbele hoes (met hetzelfde lettertype als *Loveless*), een schijf met audiofiel standaardgewicht van 180 gram, analoge opname, mix en master, terwijl de cd met een zeker dedain als bijproduct in de hoes kan worden weggestopt.

Dit is een ouderwetse LP, met twee kanten die conceptueel verschillen. Kant A veroorzaakt een zeer vreemde gewaarwording, ook al doet het iets vanzelfsprekends: het gaat exact door waar *Loveless* is opgehouden. Hierdoor lijkt het alsof de 21ste eeuw tot nu toe als triviaal wordt overgeslagen. *mbv* is opgezet als een overgangsplaat, kant A zorgt voor continuïteit door herkenbaarheid, waar de tweede kant nieuwe modellen uitprobeert. Hier is een prominente rol voor ritme weggelegd en wordt extremer met vorm geëxperimenteerd ('Nothing Is' is in zijn dwingende minimale vorm even radicaal als 'Glider' destijds). In eerste instantie is het grootste gemis de afwezigheid van de ambient verbindingsstukken die *Loveless* karakteriseerde.

Het leidt geen twijfel dat *mbv* als sociaal fenomeen al een Grote Plaat is. Wat het album echter voorbij enige muzikale waarde, die moeilijk over een korte periode valt te peilen, vooral duidelijk maakt, is dat in de huidige popcultuur een enkel album lastig verschil zal maken of een nieuw tijdperk inluiden. *Loveless* zelf deed dat ook niet bij verschijning en het is een gezellig discussiestuk om aan te wijzen welke plaat dit als laatste voor elkaar kreeg[100]. Een belangrijk geloofsartikel van het anti-rockisme

---

[100] In de strengste analyse zou je moeten stellen dat maar twee platen een pure explosieve Grote Plaat zijn geweest: *Sgt. Pepper's Lonely Hearts Club Band* (1967)

stelt dat het album als betekenisgevende drager aan kracht heeft ingeboet sinds de jaren zeventig met de opkomst van reggae en disco, genres die innoveerde door middel van de track, 12-inch en de dj. De triomf van de mp3 en iPod maakt dit proces onomkeerbaar. Desalniettemin blijft het album-als-statement voortbestaan en een van de verborgen betekenissen van de terugkeer van vinyl moet wel zijn dat nog steeds een behoefte bestaat naar zulke statements, een belofte van een wereld die binnen 40 minuten in beweging wordt gezet. Een naïeve belofte natuurlijk, maar niet totaal onmogelijk wanneer men uitgaat van een breder front, een synergie van Grote Platen. (Wat house in zekere zin vormde: een niet te stuiten vloedgolf aan 12-inches die langs kritische golfbrekers stroomde.) *mbv* is kortom een noodzakelijke node in een netwerk van verandering.

Het Zweedse duo The Knife kende een verrassende doorbraak naar een breed publiek met *Silent Shout* (2006), een idiosyncratische uitwerking van house met de structuur van popliedjes. Niet dat *Silent Shout* radiovriendelijk was, de stem van Karin Dreijer Andersson is te grillig om als achtergrond te dienen en zou teveel opvallen in de opgelegde stilistische eenvormigheid van radioformats. Maar *Silent Shout* was, met zijn vreemde

---

en *Nevermind The Bollocks, Here's The Sex Pistols* (1977). Met *Trans-Europa Express* (1977) als een trager derde voorbeeld. Een vrijere interpretatie laat ruimte voor genrealbums als *Reign In Blood* (1986), *Fear of a Black Planet* (1990), *Sign "O" The Times* (1987) of *Discovery* (2001).

associaties (het idee dat aan de periferie van de verzorgingsstaat de duisternis van het woud loert) en inventieve geluid, een album dat liefhebbers van diverse genres verleidde. Pas rond deze release begint het duo met theatrale optredens die hun faam als een *andere* popgroep doet toenemen. In plaats van het succes van het album te consolideren, werken beide leden in de periode daarna aan soloprojecten (Oni Ayhun en het succesvolle Fever Ray) en een opera met Mt.Sims en Planningtorock voor het Deense gezelschap Hotel Pro Forma. Eind 2012 wordt dan toch een opvolger voor *Silent Shout* aangekondigd en aan de hoeveelheid verwachtingsvolle reacties is te peilen dat de faam van The Knife door de jaren alleen maar is gegroeid.

Wat popmuziek tegenwoordig onder andere karakteriseert is de zorg die aan de presentatie wordt besteed en hoe men modellen aandraagt om het vroegtijdige lekken van albums op creatieve wijze te ondervangen. The Knife laat vlak voor de release het nieuwe album gewoon *streamen* op de eigen website, wellicht de meest effectieve manier om de cultus van het lek te ontdoen van zijn aantrekkelijkheid. Het duo kan dit doen omdat ze zelfverzekerd zijn over de muzikale kwaliteit van *Shaking The Habitual*, omdat het de geïnteresseerde luisteraar de rest van de informatieve website intrekt en vooral omdat de fysieke plaat met zoveel zorg wordt gepresenteerd dat men *verlangt hem te bezitten*. *Shaking The Habitual* is in veel opzichten een *Metal Box* van de 21ste eeuw. Muzikaal-inhoudelijk bezit het een gelijksoortig onbehagelijk gevoel dat wordt verdiept door gebruik van motieven uit de meer experimentele dansmuziek van de tijd (in het geval P.I.L. dub en disco, voor The Knife duistere ambient en minimal techno). En beide albums zijn unieke artefacten. *Shaking The Habitual* is misschien niet zo radicaal van vorm als het filmblik waarin de drie 12-inches van *Metal Box* zich bevonden, maar wanneer je het voor het eerst in handen hebt voel je een ongekend *gewicht*. Drie zware vinyl schijven in uitklapbare hoes (in een kleur, fel roze, die er voor zorgt dat je de plaat altijd direct terug zult vinden in je collectie), posters met teksten en verwijzingen, de cd's alweer bijna als achteloos bijproduct. Een van de productieve reacties op de downloadcultuur is al vroeg geweest om de dragers te ontdoen van hun eenvormigheid en de luisteraar te verleiden door juist meer aandacht te schenken aan de manier waarop muziek wordt gepresenteerd (wat door de mp3 onnodig leek te zijn geworden.) Albums als *mbv*, *Bish Bosch* en *Shaking The Habitual* lijken hier een tijdelijke standaard mee te zetten, een totaalpakket dat je, als je daadwerkelijk van muziek houdt, niet kunt weigeren.

Shaking The Habitual bezit alle componenten van een Grote Plaat (de titel spelt het zelfbewust uit.) Als artefact, als statement en als muziek. Muzikaal is het geluid van de groep uitgebreid op een manier die doet denken aan bands die, nadat ze hun signatuur hebben gevonden, experimenteel uitwaaieren. The Knife, een *ongemakkelijke* popgroep, kiest voor het uitwerken van twee belangrijke lijnen in de elektronische (dans)muziek van de laatste twintig jaar, die tot dan toe immuun leken voor een vermenging met zang: minimal techno en ambient. Tussen die twee lijnen produceert The Knife een nieuw soort psychedelica met polyritmische lagen, onbehagelijke texturen en extreme variaties in tracklengte. Wat het duo heeft begrepen is dat een politieke geladen popmuziek, wil het echt kracht uitstralen, niet afhankelijk kan zijn van tekstuele betekenis maar moet worden ingebed in een politiek van geluid. Op deze manier wordt de tekstuele inhoud een collage van feministische citaten, kritiek op economische overcodering, globalisering en machtsstructuren. Een *open* kritiek, een mysterieus veld van mogelijkheden en alternatieven, het idee dat ondanks een neoliberale kooi een andere manier van leven mogelijk is.

Wat een mogelijke Grote Plaat steeds meer karakteriseert, is extreem uiteenlopende reacties, die zo snel mogelijk geuit dienen te worden. *Shaking The Habitual* doorstaat deze test glansrijk. In de ogen van velen blijkt 'Old Dreams Waiting To Be Realized' de grootste boosdoener, een duister ambientstuk zonder zang, met een lengte van 19 minuten, dat midden in het album is geplaatst. Die centrale plek gecombineerd met de gekozen titel is natuurlijk niet toevallig, vormt deels een provocatie, deels een contemplatief draaipunt. De optredens die The Knife geeft na het verschijnen van het album versterken het vermoeden dat het idee van *épater le bourgeoisie* door het duo is herontdekt. Nu niet als doelwit de zelfvoldane burgerman, maar de tijdens het concert twitterende festivalganger die steeds hetzelfde wil, die geen moeilijkdoenerij hoeft, waarvoor pretentieus een scheldwoord is. De reeks van optredens vormt het eerste popschandaal in lange tijd. The Knife doet dit door een lang sluimerend taboe zichtbaar te maken: het weigeren om live te musiceren/zingen en dit te vervangen door het spektakel van dans. Door een praktijk—die onder popsterren van het kaliber Madonna of Lady Gaga allang gangbaar is—over te hevelen naar een omgeving die dit niet gewend is, maakt The Knife in ieder geval duidelijk hoe bepaalde onderdelen van het rockisme niet alleen heersen onder popjournalisten en de liefhebbers van rock, maar allang de elektronische dansmuziek zijn geïnfiltreerd. In een interview met The Knife ziet Alex MacPherson in dat het onbehagen verder reikt dan een eis van authenticiteit:

> In a strange way, the complaints are almost like a critique of capitalism in themselves. I think it's a pretty recent development, this sense of entitlement among fans to what artists should or should not do on stage: which songs they should perform, the manner in which they should present them. It's almost like ticket-holders imagine themselves to be stakeholders in the band.[101]

Een belangrijk onderdeel van popmuziek is altijd een projectie van fantasieën op de artiest geweest, seksuele fantasieën

---

[101] Alex MacPherson, 'Everything is choreography': The Knife Interviewed', *The Quietus*, 14 mei 2013, http://thequietus.com/articles/12252-the-knife-interview

maar ook de dagdromen over hoe een volgend werk zou klinken. Teleurstellingen horen derhalve bij popmuziek. Internet heeft, zeker na de opkomst van sociale media, de fantasieën weten om te vormen tot een continue staat van teleurstelling. Dit is ook een van de meer obscure componenten van retromania: de eis dat wat in het (recente) verleden is gemaakt in vrijwel identieke vorm moet worden herhaald. *Shaking The Habitual* is complex genoeg om als zelfstaande entiteit betekenis te genereren. Maar duidelijk is dat artiesten als The Knife die zoeken naar een breuk, die pertinent weigeren zichzelf te herhalen, onconditionele steun verdienen.

Een van de paradoxen van Daft Punk is dat ze voor een succesvolle groep bij elk nieuw album een golf aan teleurgestelde reacties veroorzaken. Alleen de tweede *Star Wars* trilogie overtroeft deze spanning tussen opgevoerde verwachting en teleurstelling, wat erop duidt dat men excessief projecteert. Kortom, Daft Punk zijn de ware popsterren van de 21[ste] eeuw. De aanloop naar *Random Access Memories*, hun eerste studioalbum sinds 2005, is tot in details geanalyseerd als een nieuwe standaard in de opbouw van spanning. Je kunt het bijna niet over *Random Access Memories* hebben zonder dat de term hype valt. De fout die bijna iedereen maakt, is om muziek en campagne als losstaande entiteiten te zien. Het bijzondere aan de campagne van *Random Access Memories* is dat de muziek de hele tijd centraal heeft gestaan. Zelfs het billboard op de Sunset Strip was een verwijzing naar de muziekgeschiedenis (het beroemde billboard van het debuut van The Doors). Zoals de trailer, die op de dag verscheen dat iTunes het album presenteerde, het materiële van de muziekervaring (de LP uit de hoes halen, de naald in de groef leggen) centraal plaatste. Hype met zijn associatie van onwaarachtigheid suggereert iets artificieels dat afleidt van de muziek. Maar is dat daadwerkelijk het geval? Veeleer heeft Daft Punk in eerste instantie Internet optimaal gebruikt. De 15 seconden riff van 'Get Lucky' die slechts een eerste reclame vormde, ontvouwde zich als voortbewogen door een nieuw soort vlindereffect in steeds langere loops en mash-ups. Zo kon het vreemde (en totaal unieke) effect ontstaan dat de riff, toch al geladen met connotaties van Chic en Sister Sledge nummers, *geleefd* klonk op het moment dat 'Get Lucky' in zijn geheel verscheen. Nieuw en toch bekend als een hit die je al jaren niet meer hebt gehoord. In de serie van getimede filmpjes waarin Daft Punk de artiesten aan het woord liet die meewerkten aan *Random Access Memories* stond de muziek—het proces van musiceren centraal—meer dan in welke advertentiecampagne ooit. 'Give Life Back To Music' heet het openingsnummer van het album, zoals we zullen zien een titel met meerdere betekenislagen.

Random Access Memories is een plaat die op verschillende niveaus is volgestopt met ideeën, gedreven door een ongemakkelijk mengsel van naïviteit en perfectionisme dat men alleen hoort in de meesterwerken van Michael Jackson en Kraftwerk. Waar The Knife zichzelf de taak heeft gesteld om politiek fatalisme te doorbreken, probeert Daft Punk een niet minder lastig vraagstuk op te lossen: waarom klinkt digitale dansmuziek tegenwoordig zo eenvormig? Daarmee leek de groep een probleem te verwoorden dat lange tijd sluimerend en onbesproken wachtte op een oplossing. Een lastig probleem met diverse implicaties over de huidige vormen van creativiteit en de aannames die hierover gelden. Muziek is sinds de opkomst van Internet niet alleen eenvoudiger te consumeren (in vaak minderwaardige kwaliteit), het is ook makkelijker om te maken. Door krachtigere processors kon de laptop gaan dienen als productiegereedschap. Dankzij programma's als Fruity Loops, Maschine, Reason en Ableton werd het mogelijk om muziek volledig in de computeromgeving te maken. Deze programma's en computerkracht schonken een ongekende vrijheid. Niet alleen van ruimte omdat men niet meer allerlei instrumenten en apparatuur moest aanschaffen om muziek te maken, het werd tegelijkertijd goedkoper om toegang te krijgen tot vergaande muziekgereedschappen, die ook nog eens eenvoudig in gebruik waren en volgestopt met kant-en-klare geluiden. Digitale muziek werd niet ten onrechte gezien als een democratisering van de creativiteit. Een positieve tendens.

De omslag in dansmuziek bleek radicaal. Voor de buitenstaander misschien niet direct auditief herkenbaar en in eerste instantie vooral praktisch van aard. Het succes van Ableton Live, als overkoepelend gereedschap voor het maken en spelen van muziek, is overweldigend en heeft een standaard gezet die sinds de opkomst van de Roland drummachines en MIDI niet meer zo dwingend is geweest. Samen met Traktor voor dj's heeft dit de praktijk van dansmuziek permanent veranderd. Na een verkennende fase, waarin nog werd neergekeken op dj's die met cd-spelers draaiden, is met de mogelijkheden van USB de ontwikkeling van een groot aantal *controllers*, apparaten waarmee de programma's eenvoudig kunnen worden aangestuurd, toegenomen. Ondanks eindeloze discussies tussen de voorstanders van vinyl/analoge apparatuur en de nieuwe mogelijkheden, is het digitale model de standaard geworden.

Lange tijd is dit gestimuleerd vanwege praktische voordelen: het niet hoeven dragen van platenkoffers, schaalverkleining, dalende kosten van muziekproductie zonder de druk van de studioklok, het kunnen beschikken over steeds grotere bibliotheken met samples die de verkennende zoekfase versnelde. Bovendien werden er goede resultaten mee behaald. Er bestaat zoiets als de Ableton virtuoos zoals Joris Voorn bewees met zijn "onmogelijke" mixen[102]. Het proces is sluipend ingezet maar langzamerhand begint te dagen dat de digitalisering onvoorziene bijeffecten kent, die in combinatie met retromania een gevaarlijke situatie vormen. Het beste voorbeeld wat betreft dj's is Richie Hawtin, een meester van de nieuwe technieken, maar hij heeft

---

[102] Zijn meest ambitieuze mix tot nu toe is de dubbel-cd *Balance 14* (2009), een wonderbaarlijk mozaïek van ritme en geluid, dat door Voorn zelf wordt omschreven als "schilderen met geluid" in plaats van een traditionele dj-mix.

bijna net zo lang als Aphex Twin geen nieuwe muziek gemaakt[103]. Ook deze model modernist is uiteindelijk gaan terugkijken, wat vanaf 2010 leidde tot een reeks optredens waarin hij klassiek materiaal speelde. Indrukwekkende optredens overigens, want de Plastikman krakers hadden nog nooit zo goed geklonken. De relatie techniek en terugkijken leek echter geen toeval te zijn. De dj-sets van de digitale Hawtin voelen de laatste jaren op vreemde wijze energieloos, technisch gezien ongetwijfeld briljant, een geluidswereld gevuld met details, maar vergeleken met zijn waanzinnige sets in de jaren negentig gewoonweg vele malen minder intens.

Dan begint ook de vraag te dagen of de mogelijkheden van de softwarepakketten niet een beperking vormen. Voor de muzikant met talent is het inderdaad gewoon nog een extra gereedschap, maar zorgt de instroom van meer muzikanten die aan de oppervlakte van de programma's blijven niet voor een eenvormigheid van geluid? Dit is ongetwijfeld een belangrijke reden dat dansmuziek de laatste jaren een vreemde kwaliteit bezit: het klinkt geluidtechnisch vrijwel allemaal uitstekend maar lijkt ook vaak iets te missen: een signatuur, persoonlijkheid, fantasie. Het produceert uiteindelijk geen breuken met bestaande modellen.

---

[103] Zijn spontane album *Ex* (2014) betekende een even verrassende terugkeer als die van Aphex Twin. Geen grote sprong voorwaarts maar meer het werk van een ambachtsmeester. Op onverklaarbare wijze bijna genegeerd, ook in kritische technokringen.

Daft Punk heeft *Random Access Memories*, met meer interviews dan gebruikelijk, gedeeltelijk ingekaderd rond deze problematiek. Nile Rodgers, een van de muzikanten die een belangrijke stempel op de plaat drukt, vatte veel van de bovenstaande zaken samen:

> For the album concept with *Random Access Memories* the overall edict was to 'make music as if the Internet hadn't been invented', so to speak, and so that meant that real music had to be played, obviously, from beginning to end, then deconstructed, analysed, and put together, and we had to get it right!".[104]

Dit in wezen eenvoudige idee wordt met de plaat consequent uitgewerkt. *Human After All* was op veel manieren al een conceptueel kunstwerk en *Random Access Memories* functioneert op dezelfde wijze: het is een uniek artefact dat de veelgeprezen democratisering van creativiteit negeert. Met zijn budget van meer dan een miljoen dollar is het project bij de huidige staat van de muziekindustrie vrijwel niet te herhalen. Dat geeft *Random Access Memories* direct een unieke kracht in een muzieklandschap dat richtingloos ronddobbert en roofbouw pleegt op het verleden. Het maakt van het album ook zelfbewust een Grote Plaat:

---

[104] Helen Donion, '"Less Is More In My World": Nile Rodgers Speaks' in *The Quietus*, 11 juni 2013 http://thequietus.com/articles/12509-nile-rodgers-interview-2

Comparing the record business in its Seventies and Eighties heyday to Hollywood's studio system, he sounded wistful for the era of "sonic blockbusters" like Fleetwood Mac's *Rumours* or *Off The Wall*, albums that everybody heard or at least heard about. "Pop culture *is* the monoculture," he argued. "Today the only monoculture is brands." Using the marketing muscle of an entertainment conglomerate like Columbia/Sony, *Random Access Memories* tries to swim against the historical tide of popular culture's fragmentation into niche markets and micro-genres.[105]

Zulke uitspraken hebben in eerste instantie de ontvangst van *Random Access Memories* gekleurd als zou het een ultiem monument aan retromania vormen. *Random Access Memories* klinkt echter als geen andere artiest, het is onmiskenbaar Daft Punk, maar vanaf de basis opnieuw opgebouwd. De titel van openingsnummer 'Give Life Back To Music' is op diverse manieren te lezen: de muziek klinkt levend en open, bevrijd uit de luchtdichte omgeving van harddisks. Puur op geluidsniveau is het de best klinkende plaat in lange tijd, warm en in balans, ontdaan van de opgefokte *mastering* van muziek die de *loudness wars* hebben veroorzaakt[106].

Over de gevolgen van *Random Access Memories* kan men alleen speculeren, in de geest van de Grote Platen is het gemaakt voor de lange termijn, geeft het gedetailleerde geheimen langzaam prijs. Als geheel is de plaat niet na te doen maar het zou

---

105 Simon Reynolds, 'Retrodance' 15 mei 2013, een toevoeging aan zijn interview met Daft Punk voor *New York Times*. http://retromaniabysimonreynolds.blogspot.nl/2013/05/retrodance.html

106 Nick Southall, 'Imperfect Sound Forever' in *Stylus*, 1 mei 2006

muzikanten, vooral van elektronische muziek, aan het denken moeten zetten. Wellicht biedt de plaat ingangen die verder verkend kunnen worden. Simon Reynolds heeft gesuggereerd dat de artiesten die de Synergie Reeks vormen populair werden in een tijd voor breedband Internet en als zodanig producten zijn van wat hij het Analoge Systeem noemt:

The Analogue System – based around vinyl and tapes, print music magazines, terrestrial radio and TV broadcasting– created particular kinds of affects, modes of identification and convergences of social energy. Because it was largely organised around the physical movement of information-containing objects (records, magazines), it had a particular sense of temporality, structured around delay, anticipation and the Event. The Digital System – based around the dematerialized information flows enabled by the MP3, netradio, YouTube, blogs and webzines, et al – has a different sense of 'culture-time', one marked by a paradoxical combination of instantaneity and permanence, speed and stasis. Online is all about the this-minute tweet you can't remember half an hour later *and* the persistence of the past as a readily accessible archived resource (a YouTube of T Rex from 1972, a 1967 Stan Brakhage reel at UbuWeb, a pirate radio session from 1993 via some old skool rave blog).[107]

Het verschil tussen deze twee systemen is in ieder geval met *Random Access Memories* op de spits gedreven. De plaat is een provocatie. Een van de bijeffecten van het album is dat het de manier heeft blootgelegd waarop de ontvangst van muziek tegenwoordig plaatsvindt. In die zin is *Random Access Memories* een

---

[107] Simon Reynolds, 'EXCESS ALL AREAS *or* The Catastrophe... And What Comes After' in *The Wire*, juni 2011

artefact uit een andere tijd die een eerste golf van hysterisch online spektakel en onbegrip veroorzaakt door mensen die de muziek als *stream* horen, half-afgeleid en druk bezig met het bedenken van *bon mots* om sociale media mee te bestoken. Waarna dagen later, een vertraagde reactie opkomt van luisteraars die het album daadwerkelijk hebben aangeschaft (een inmiddels ouderwetse bezigheid) en de, opeens opvallend evenwichtige, professionele recensies verschijnen (ook een bijna ouderwets verschijnsel). De twee systemen zijn niet streng van elkaar gescheiden, alle artiesten maken gebruik van het Digitale Systeem dat zonder twijfel overheersend is.

De Synergie albums afdoen als een laatste blik op een tijdperk dat definitief aan zijn einde komt, lijkt echter voorbarig. Veeleer krijgt het de vorm van een terugeisen van een balans, van een andere muziekpraktijk (de terugkeer van vinyl is op deze manier ook niet meer een mysterieus verschijnsel). De paradox ontstaat dat het Digitale Systeem een van de grootste blokkades richting de toekomst vormt. Gelukkig heeft dit systeem geen claim op eeuwigheidswaarde, de constellatie is vluchtig en product van een economie die leeft van speculatie en continu flirt met catastrofe. De Synergie albums zijn ook niet nostalgisch van aard, kennen niet de melancholie van afsluiting en richten, zoals Boards of Canada's *Tomorrow's Harvest*, bewust de blik naar een open toekomst. Het is muziek die nieuwe antwoorden verwacht.

DE TOEKOMST HERVONDEN

Si un peu de rêve est dangereux, ce qui en guérit, ce n'est pas moins de rêve, mais plus de rêve, mais tout le rêve.

Marcel Proust – *À la recherche du temps perdu*

Een van mijn favoriete momenten in techno vindt plaats op een *Peel Session* van Jeff Mills uit 2003. Tijdens een kalm plateau van de muziek verschijnt een conversatie tussen een man een vrouw:

- Five years, more crowded for a start…a little bit more crowded…more polluted. But probably not too different.
- What about in seven years?
- Probably a little bit more crowded and polluted than five years.
- What about in ten?
- I think in ten years things will be slowly to look…the aesthetic will change things.
 That'll be 2010.
- Yeah, things will be different shapes but I don't think life is going to be too different in ten years.
- Twenty?
- Twenty years, I think things are going to be different in the way we use technology, in the way that we communicate with each

other, is going to be changing more dramatically after twenty years.
- What about in five years after that? In twenty-five years.
- Yeah, I think technology is going to be pretty awesome by then. I think we're going to be maybe communicating in a completely different way that anyone hasn't thought of so far…[108]

Het is een prettige en hoopvolle manier om de langzame evolutie van technologie en perceptie te omschrijven. Ondanks een breed gedragen pessimisme bestaat dit soort futurisme nog steeds. Een presentatie over *smart cities* waarin het leven tot in details is uitgedacht om efficiënter, creatiever en schoner te leven, kan nog steeds tot dagdromen verleiden dat een betere toekomst mogelijk is. Zoals gezegd, een enkel individu kan onmogelijk de toekomst uittekenen en dat zal ik hier ook niet trachten te doen. De meest eenvoudige suggestie is dat het nadenken over de toekomst al de eerste belangrijke stap is, dat de conversatie die hierop volgt een toekomst en technologieën vormt. En die conversatie is gaande, of het nu over een minimalistische levensstijl gaat waarbij mensen bewust hun leven ontdoen van onnodige objecten, over het implementeren van duurzame vormen van energie of hoe Europa vorm te geven als geciviliseerd project in plaats van een reductie tot markt.

Een flinke dosis pessimisme is in deze conversatie op zijn plaats. Veel punten in Douglas Couplands 'A Radical Pessimist

---

[108] Het originele interview door Andrea Covington staat op de *Tomorrow* 12-inch (1999) van Jeff Mills als de track 'Glen21'.

Guide To The Next 10 Years' klinken gewoon plausibel, bijvoorbeeld:

2) The future isn't going to feel futuristic

It's simply going to feel weird and out-of-control-ish, the way it does now, because too many things are changing too quickly. The reason the future feels odd is because of its unpredictability. If the future didn't feel weirdly unexpected, then something would be wrong.[109]

Het speelveld van de toekomst wordt nog steeds afgebakend door de dreigingen van overbevolking, milieuvervuiling, uitbuiting en politieke stelsels die autoriteit centraal plaatsen. Tegelijkertijd kun je door een overdekte meubelboulevard wandelen en overmand worden door de sensatie dat dit nooit zal eindigen. In deze moderne kathedralen heerst een kalme overvloed die als eeuwige waarheid voelt. De waarheid van een eindeloze consumptiecyclus zonder bijwerkingen of gevolgen.

Een positie hier tussenin zal stellen dat perfecte stilstand niet bestaat (en voor wie?) Een traditionele zorg en hoop voor de toekomst is dat cultuur hoofdzakelijk door technologie wordt gedreven. Dat is geen radicaal statement, het gebruik van inkt, papyrusrollen, boeken, boekdrukkunst, verharde wegen, zijn

---

[109] Douglas Coupland, 'A Radical Pessimist Guide To The Next 10 Years' in *The Globe and Mail*, 8 Oktober 2010 http://www.theglobeandmail.com/news/national/a-radical-pessimists-guide-to-the-next-10-years/article1321040/

allemaal technologische veranderingen geweest die voor de industriële revolutie plaatsvonden en culturen ingrijpend hebben veranderd. Het is niet onredelijk om te verwachten dat een ontsnapping uit de impasse van retromania een technologische component zal hebben. Muziek heeft het hier op het moment moeilijk mee omdat virtuele studio's een perfectionering zijn van het maken van muziek met behulp van computers. Het gemak en de overdaad aan keuzes lijkt te groot om tot werkelijke vernieuwing te komen. In andere kunstvormen is deze perfectionering minder dwingend en beeldende kunst zou, wanneer het nieuwe ambachtsvormen omarmt, een interessante periode van innovatie tegemoet kunnen zien. Hier hebben we het over technologie als esthetisch gereedschap, maar zal het technologisch landschap als geheel ook veranderen?

Lange tijd heeft een optimistische kijk op technologische vernieuwing de overhand gehad. Men hoeft maar een willekeurig sciencefictionboek uit de jaren vijftig in te kijken om snel tot de conclusie te komen dat de extrapolaties van technologische groei extreem positief waren: marskolonies in 1990, perfecte replica's van mensen in 2019. Deze positieve blik leeft voort bij voorstanders van de *Singularity* die deze eeuw nog zou moeten plaatsvinden. Op dit punt aanbeland, zullen computers een staat van artificiële intelligentie bereiken, gevolgd door bewustzijn en een mogelijke eis van autonomie waarvan de gevolgen onduidelijk zijn. De icoon van het negatieve scenario is Skynet in de *Terminator* reeks, het netwerk dat bewust wordt en vervolgens een atoomoorlog ontketent om zich te ontdoen van de mensheid. Een hoeksteen van dit idee is de wet van Moore die stelt dat het aantal transistors in een geïntegreerde schakeling elke twee jaar verdubbelt, wat tot voor kort ook het geval bleek te zijn. De wet van Moore is een eigen leven gaan leiden en waarschijnlijk te enthousiast toegepast op technologie in het algemeen. Een pessimistische kijk die aan invloed wint stelt echter dat er geen fundamentele technologische vernieuwing aan de gang is zoals de telegraaf, vliegtuig en computer, dat wel waren. Om het in populaire termen te stellen: technologische vooruitgang heeft zijn piek bereikt. In combinatie met een andere piek, die van de mondiale olievoorraad, wordt het vooruitzicht minder rooskleurig…voor de maatschappelijke constellatie waarin wij nu leven.

Een realistische tussenvorm stelt dat technologische vooruitgang minder zichtbaar is dan we de afgelopen eeuwen aan gewend zijn geraakt. Een probleem van perceptie en verwachtingen. Wie grote gebaren verwacht zal talloze "lokale" vernieuwingen missen, bijvoorbeeld omdat technologie minder ingrijpt in de directe, zichtbare omgeving of, zoals wi-fi, bijna onbewust wordt opgenomen in het dagelijkse leven. Wanneer een grote wetenschappelijke doorbraak plaatsvindt, zoals de ontdekking van het Higgsdeeltje, is het kortstondig een hype, maar uiteindelijk te complex, zonder consequenties in het alledaagse leven en omringt met voorzichtige mitsen en maren, om de verbeelding collectief te enthousiasmeren. Gebeurt op cultureel gebied niet hetzelfde? Verlangt men naar spektakel en grote gebaren?

We verlangen een doorbraak *naar buiten toe* (of in jaren zestig dubbelstijl tegelijkertijd *naar binnen toe*). Beide lijken afwezig in een soort platgedrukt realisme. Vandaar dat de melancholie goed is te begrijpen die op talloze Tumblr-sites heerst, waar een generatie tieners obsessief de esthetiek van de jaren zestig – tachtig in kaart brengt. Ze herkennen een bepaalde kracht en vrijheid in beelden die grotendeels in het heden worden gemist. Als historisch leerproces is dit fenomeen zeer waardevol. Een gewillige overgave aan nostalgie voor een tijd die niet geleefd is, impliceert echter ook stilstand. De waarde van de beelden is vastgelegd, geen enkele combinatie gaat hier wezenlijk wat aan veranderen. Men omringt zich door geesten, dode beelden.

Hier ligt de essentiële taak van de criticus, de journalist, de schrijver en vanzelfsprekend de artiest. Zij kunnen zich niet overgeven aan fatalisme, hoe sterk zij aan kracht hebben ingeboet, hoe nutteloos hun werk ook lijkt. In een lange bespreking van *Retromania* concludeert Ben Jeffrey:

If there is a route through the conceptual deadlock with which *Retromania* concludes, it may well be that this is the kind of question we should ask: In what ways can we *imagine* music—or any art—exceeding itself today? What is so imposing is the sense one sometimes has that we would need to re-equip or retrain our imaginations before we could answer[110].

Is het, om dit te bewerkstellingen, tijd voor een harde hand? Moet ieder voor zich niet afvragen wat men verlangt van muziek? Welke eisen men stelt aan cultuur? Wil je als een opiumverslaafde blijven wegdromen in de veilige cycli van het verleden? Een eenvoudige manier om het verleden af te sluiten, kan met behulp van een individueel manifest worden verkend: ik weiger nog te luisteren naar nieuwe muziek die herkenbaar is geworteld in het verleden. Natuurlijk staat dit open voor persoonlijke invulling: waar trek je de lijn? Complete simulacra vanzelfsprekend. Maar is er een hoeveelheid van verleden in muziek aan te wijzen waarbij men zegt: nu is het genoeg? Is er een jaar dat als een scheidslijn fungeert en je streng doet concluderen: hier en niet verder? 1977? 1981? 1988? Een dergelijke begrenzing raakt nog maar een beperkt aantal naspelers van het verleden. Nog belangrijker is het om de retro-industrie te boycotten. Vraag jezelf af of die zoveelste heruitgave met bonustracks wel nodig is. Welke waarde hebben reünieconcerten daadwerkelijk voor mij? Steun bovenal nieuwe en avontuurlijke artiesten.

Het herwinnen van de verbeelding is niet alleen een taak van artiesten, maar ook van luisteraars. Wanneer je naar

---

[110] Ben Jeffrey 'Out With The New' in *The Point*, nr.6 Winter 2013. http://www.thepointmag.com/2012/culture/new

housemuziek luistert uit de periode 1986 – 1996 valt de puurheid van het geluid op. Het is muziek ontdaan van cynisme, egoïsme of hebzucht. Die periode vormt een utopisch moment dat niet meer valt te herhalen. Ook hier heeft retromania proberen toe te slaan, maar het werkt niet, het voelt als een armzalige simulatie. Het impliceert dat wij (dj's, muzikanten, dansers, luisteraars, organisators) dat moment om diverse redenen hebben laten ontsnappen. Vanwege hebzucht, intimidatie door autoriteiten, luiheid, gevoeligheid voor routine of ouderdom. Maar de puurheid, een naïviteit wellicht, is iets om blijvend na te streven. In de recensie van Daft Punks *Random Access Memories* stelt Joseph Ghosn:

Hédonisme et crise, donc, traversent main dans la main "Random Access Memories", qui s'écoute comme une réponse joyeuse à la débandade mondiale des années 2010: faites la fête pour oublier. Mais aussi comme un manifeste politique ardent: retrouvons les idéaux et les espoirs de nos 17 ans (en faisant la fête, mais aussi en retrouvant une ambition – artistique, politique) pour changer le monde. Au fond, c'est cela que produit, immanquablement, cet album sans pareil: Daft Punk a renoué avec la musique de ses 17 ans (Thriller en ligne de mire) pour non pas sombrer dans la nostalgie ou le rétro, mais pour affirmer une volonté renouvelée de vie et de rêve.[111]

Het grote probleem in zulke gevallen waarin het artiesten lukt om een ambitieuze naïviteit te produceren, is dat ze er

---

[111] Joseph Ghosn – 'La critique de l'album Random Access Memories' in *Obsession* 1 mei 2013.

ongenadig voor worden afgestraft door middel van negatieve overcodering: ironie en cynisme. Die twee stijlmiddelen, die men eigenlijk zeer strategisch en met mate dient te hanteren, zijn uitgegroeid tot schilden van online personae waarmee gevoelens kunnen worden afgeschermd. Ze distantiëren, vormen een keuze voor de veilige optie wanneer een intellectuele of emotionele investering wellicht kan leiden tot gêne. Want de angst om af te gaan is groter dan ooit, niet onterecht in een arena waar dit voor iedereen zichtbaar is.

Het blijft vreemd dat we terugkeren naar muziek, zowel triviaal als essentieel fenomeen. Muziek is zo geïntegreerd in de menselijke ervaring dat het talloze functies kan aannemen: opiaat, onderdeel van de identiteit, metafoor, straf, dagdroom, politiek instrument. Het vastlopen van muziek in retromania is een reflectie van het vastlopen van een maatschappij die zichzelf zo complex acht dat het bang wordt voor risico en vervolgens talloze structuren produceert om onzekerheid uit te bannen. Een paradoxale situatie ontstaat: de informatiestromen circuleren als nooit te voren, maar de creativiteit die zou moeten overvloeden lijkt ingekapseld. Vandaar ook de paranoïde obsessie van natiestaten met surveillance, niet alleen van de informatiestromen maar het complete leven. Die surveillance is pervers, een fascinerende kanalisering van voyeurisme door de complete structuur van een negentiende-eeuwse entiteit die langzaam afsterft. Wat voorbij de natiestaat ligt is onduidelijk, maar vrijwel alles kan op het moment als een verbetering worden beschouwd.

Duidelijk is dat onvoorspelbaarheid een belangrijkere plek in de samenleving moet krijgen. De theorie van zelforganiserend kritisch gedrag kan hiervoor als model dienen. Het beroemde voorbeeld is de berg zand waar steeds zandkorrels aan worden toegevoegd, die op lokaal niveau voor veranderingen zorgen terwijl de vorm van de berg hetzelfde blijft, steeds in balans is tussen voorspelbaarheid en onvoorspelbaarheid. John D. Barrow speculeert over de mogelijkheden die dit model biedt voor een maatschappij:

> We have begun to understand some of the complex organized structures that we see around us. Eventually, we might hope that a fuller understanding of these structures and systems will allow us to produce them to order for specific purposes. Advanced civilizations with the ability to engineer optimal criticality into themselves, their technologies, and their environments, will be very different from ourselves. They will have decided to live with a high level of unpredictability. That unpredictability will make their futures a constant surprise in many ways, but they will know that the novelty that signifies critical efficiency can never be removed. It is a mark of the ultimate complexity that Nature can offer.[112]

Het veiligst is om dit beeld open te houden en je niet te wagen aan specifieke voorbeelden, ook omdat haast vanzelfsprekend het zoveelste neoliberale excuus voor

---

112 John D. Barrow, *Impossibility: The Limits of Science and the Science of Limits* (1999), p. 142

deregularisering er in rondwaart. De grote angst voor het toelaten van meer onvoorspelbaarheid is waarschijnlijk gebaseerd op de oude negentiende-eeuwse mythe van anarchie als maatschappelijke chaos. Een angst die ongegrond is omdat de mens neigt naar zelforganisatie. Wat in stappen moet worden afgebouwd, is de barokke constructie van regels en verboden. Dit loopt uiteen van de efficiëntiecultus—geïmplementeerd door een kaste van managers in organisaties die zichzelf uitstekend zelf kunnen organiseren—tot de legalisering van drugs, van het radicaal terugdringen van surveillancetechnologieën tot het vrijgeven van wetenschappelijke literatuur zonder enige barrière.

Uiteindelijk is de complexiteit van huidige maatschappijen een uitvloeisel van een te hoge bevolkingsdichtheid. Mensen zitten elkaar continu in de weg en met een web aan regels en geïnternaliseerde remmen wordt getracht het dagelijkse leven in goede banen geleid. De Aarde zit tegen een conceptueel verzadigingspunt aan. Vandaar dat de ruimtevaart zoveel meer aandacht verdient dan zij de laatste jaren krijgt. Of de kolonisatie van de kosmos een inherent verlangen is van de nomadische mens, zoals Carl Sagan op karakteristieke wijze verwoordde, is moeilijk vast te stellen. Maar de verkenning van andere planeten is op de lange termijn een noodzakelijk avontuur, omdat hiermee de mogelijkheid wordt geschonken om nieuwe samenlevingen zonder bevolkingsdruk te organiseren. Dit heeft alleen kans van slagen als de ruimtevaart wordt losgekoppeld van het militair-industriële complex, gedreven als het wordt door destructieve impulsen. Vanzelfsprekend zijn wetenschappers onlosmakelijk verbonden met het mogelijk maken van deze opening. Het is echter de verantwoordelijkheid van kunstenaars om een ander leven invoelbaar te maken, met vastberadenheid andere werelden te verkennen voordat we ze daadwerkelijk betreden. Dat is de toekomst waar ik nog in geloof.

Amsterdam 2012 – 2015

www.ingramcontent.com/pod-product-compliance
Lightning Source LLC
LaVergne TN
LVHW010059170826
845678LV00012B/2183

* 9 7 8 9 4 9 2 0 4 9 0 1 8 *